대학생을 위한
사고와 표현

개정판

대학생을 위한
사고와 표현

초판   1쇄 발행   2019년 2월 8일
개정판 1쇄 발행   2025년 2월 18일

저   자   권혁래 · 김나현 · 서은주 · 최윤정
펴 낸 이   박찬익
편 집 장   권효진
책임편집   강지영

펴 낸 곳   ㈜박이정
주   소   경기도 하남시 조정대로45 미사센텀비즈 8층 F827호
전   화   031) 792-1195
팩   스   02) 928-4683
홈페이지   www.pijbook.com
이 메 일   pijbook@naver.com
등   록   2014년 8월 22일 제2020-000029호

ISBN 979-11-5848-985-4 (03700)

thinking and expression

개정판

대학생을 위한
사고와 표현

권혁래 · 김나현 · 서은주 · 최윤정 지음

박이정

머리말

이 책은 대학생의 사고력과 표현력을 키우기 위한 글쓰기 교과목의 강의교재로 활용하기 위해 집필하였다. 〈사고와 표현〉을 비롯해 〈대학 글쓰기〉, 〈읽기와 쓰기〉와 같은 교과목들은 적절한 이론 학습과 실습을 통해 대학생들이 '생각하는 힘'을 기르고, 모국어로 '표현하는 능력'을 키우는 것을 목적으로 한다.

대학 공부는 정보와 지식을 바탕으로 '생각하는 힘'을 기르는 것을 최고의 목표로 삼는다. 어떻게 하면 생각하는 힘을 기를 수 있을까? 제일 먼저 떠오르는 방법은 훌륭한 교수를 찾아 강의를 집중해서 듣고, 명저와 고전·논문 등을 읽는 것이다. 여행이나 체험을 통해 견문을 넓히는 것이나, 실험·실습을 통해 전문지식을 익히고 훈련하는 것도 좋은 방식이다. 재미있는 영상이나 디지털 콘텐츠를 감상하는 것도 생각하는 힘을 키우는 데 도움이 될 것이다. 어떤 방식이든 좋으니, 학생들은 대학생활을 하는 동안 지식을 익히고 생각하는 힘을 기르도록 노력해야 한다.

의사소통의 범주는 음성 언어로 이루어지는 '말하기·듣기'와 문자 언어로 이루어지는 '읽기·쓰기'로 구분된다. 이 중에서 듣기와 읽기는 타인의 생각과 기존 지식을 수용하는 이해의 영역에 해당하고, 말하기와 쓰기는 자신의 생각이나 주장을 말과 글로 전달하는 표현의 영역에 속한다. 요즘 대학에서는 자기표현의 영역인 글쓰기를 집중적으로 훈련시키고 그 결과를 평가하는데, 이것을 잘 하려면 생각하기와 읽기에 힘써야 한다. 이 책에 준비된 각종 질문과 예문, 토론과 글쓰기 실습을 통해 학생들이 생각하는 힘과 논리적으로 표현하는 능력을 기를 수 있기를 바란다.

이 책은 총 4부로 구성하였다. 1부 '글쓰기의 의미'에서는 글쓰기의 중요성, 변화하는 글쓰기 환경, 좋은 글의 요건 등을 기술하였다. 2부 '글쓰기의 기초'에서는 단락의 필요성과 구성 방법을 설명하고, 대표적인 서술 방법인 설명하기와 논증하기를 실습하도록 구성하였다. 3부 '글쓰기의 과정'에서는 학술 보고서를 작성할 때 적용할 수 있는 글쓰기 5단계에 대해 설명하였다. 주제문 작성, 자료 검색과 활용, 개요 작성, 초고 쓰기, 고쳐 쓰기의 과정을 실습해 보고, 인용 방법을 습득하여 표절하지 않고 자신의 글을 완성하는 방법을 제시하였다.

4부에서는 '글쓰기의 실제'라는 제목으로 구체적인 글쓰기 양식들을 다룬다. 대학에서 주로 작성하는 대표적인 글쓰기 양식을 일곱 가지로 나누어 다루었다. 이력서 및 자기소개서, 자기성찰 에세이, 문화비평문, 서평 및 칼럼, 프레젠테이션의 개념과 작성 요령 및 유의사항을 제시하였다. 특히 다양한 예문을 통해 각 글쓰기 양식의 특징을 습득하고, 연습문제를 활용하여 생각을 정리하고 표현할 수 있도록 하였다.

이 교재는 복잡한 설명과 글쓰기 이론 부분을 최소화하고 핵심적인 내용을 중심으로 구성했으며, 예문과 연습문제를 통해 글쓰기를 실습할 수 있도록 집필하였다. 이 교재를 통해 학생들이 글쓰기의 의미와 방법을 숙지하여, 자신의 생각을 글로 표현할 수 있는 능력을 함양하길 기대한다.

아울러, 이 책은 2025년에 부분적으로 개편되었음을 밝힌다. 처음 출간했던 2019년에 수록했던 몇몇 예문을 시의성 있는 예문으로 교체하고 본문 일부를 수정하였고, 권말 부록을 신설하여 한글맞춤법과 바른 문장 쓰기의 기초를 다루었다. 또한 인공지능시대의 글쓰기, 자기성찰 에세이 쓰기 등을 새로 다루었다. 급변하는 시대상을 반영하기 위한 결정이다. 점점 더 빠르게 구체화되고 있는 4차산업혁명은 우리의 글쓰기 환경도 변화시키고 있다. 인간의 고유하고 존엄한 능력인 글쓰기가 가진 힘이 그 어느 때보다 중요해진 만큼, 대학 글쓰기 교재를 집필하는 책임감도 크다. 변화하는 시대에 발맞추는 살아 숨 쉬는 교재가 되었으면 하는 저자들의 소망이 전해지길 바란다.

이 책의 출판을 흔쾌히 허락해주신 박이정 출판사의 박찬익 사장님과 책을 정성껏 편집해주신 권효진 편집장님과 편집부 선생님들께 감사의 말씀을 드린다.

저자 일동

차　례

thinking and expression

I

●

글쓰기의 의미

글쓰기는 우리 사회에서 필요로 하는 경쟁력 있는 인재가 되기 위해 반드시 갖춰야 할 능력이다. 오늘날 글쓰기 환경이 변화함에 따라 어떻게 글을 써야 하는지, 좋은 글의 요건은 어떤 것인지 생각해보자.

1장. 글쓰기의 중요성

1. 왜 글을 쓰는가?

말과 글은 인간의 가장 기본적인 의사소통 방법이다. 자신의 생각을 잘 표현하고 상대방의 이야기를 잘 이해하고 반응하면, 우리는 자유로움과 행복을 느낀다. 그래서 우리는 어릴 때부터 자신의 생각을 분명하고 논리적으로 표현하며, 상대방의 이야기를 귀담아 들으려고 주의를 기울이고 연습한다. 말과 글은 또한 일상생활에서 가장 실용적인 의사소통 방법이다. 의사소통 방법에는 그림, 음악, 몸짓 등도 있지만, 말과 글만큼 직접적이고 분명한 것은 없다. 인간은 오랫동안 일상생활과 각종 분야에서 말과 문자로 감정과 지식, 정보를 표현하는 방식을 개발하고 축적해왔다. 그래서 말과 글을 잘 이해하고 활용하면 원활하게 대인 관계를 맺고, 편리하게 사회생활을 할 수 있다. 우리는 인류가 오랫동안 쌓아온 지식을 익히기 위해, 세상과 소통하기 위해, 새로운 생각을 표현하기 위해 말하기와 글쓰기를 잘 익힐 필요가 있다.

지금은 영상과 디지털의 시대이니, 책을 읽고 글 쓰는 게 별 필요 없다고 하는 사람들이 있다. 그런데, 정말 그러할까? 선진국의 초중등 교육을 보면 여전히 책 읽고 글 쓰는 공부를 중시한다. 대학교육을 보아도 컴퓨터와 스마트폰과 같은 디지털 기기를 많이 사용하긴 하지만, 기본은 독서와 에세이 쓰기다. 매 수업마다 몇 십 페이지 이상 책과 논문을 읽고 자신의 생각을 에세이로 써서 제출하는 수업이 허다하다. 1890년에 창설된 미국의 시카고 대학은 학생들에게 교양교육의 일환으로 고전 100권을 각 분야에서 무조건 읽도록 했다.

학생들은 100권의 고전을 재학 중에 읽으면서 시공간을 초월해서 영원불변하는 진리를 발견하고 자신에게 깊은 감화를 준 역할모델도 발견했다고 한다.

마이크로소프트 회사를 창업한 빌 게이츠(Bill Gates)는 "오늘날의 나를 만든 것은 동네의 공립 도서관이었다.", "하버드 졸업장보다 소중한 것이 독서하는 습관이었다."라고 말한 바 있다. 세상에서 가장 바쁜 사람 가운데 하나인 빌 게이츠는 지금도 하루 한 시간, 주말에는 적어도 서너 시간의 독서 시간을 가지려고 노력한다고 한다. 미국의 전 대통령 빌 클린턴(Bill Clinton)은 "램블 학교에 다닐 때 독서에 대한 흥미가 늘면서 시내에 있는 가런드 카운티 공립도서관을 발견하게 되었다. 나는 그곳에 가서 몇 시간씩 죽치며 책을 뒤적이고 많이 읽었다."고 하였다. 그는 대통령 재직 시절, 10일 정도 휴가에 12권 정도의 책을 가지고 갔다고 한다. 클린턴 대통령이 휴가 때 무슨 책을 읽느냐는 항상 뉴스의 초점이었고 서점가의 관심사였다. 그가 읽는 책이 베스트셀러로 오르기 십상이었기 때문이다. 그의 자서전 『My Life』를 보면 클린턴의 인생사가 말 그대로 '독서의 역사'였음이 여실히 드러나 있다. 그는 대통령 재임 기간에 적어도 연간 60~100권의 독서량을 쌓았고, 재임 이외의 시기에는 연간 200~300권의 독서를 이어갔다고 말한다.

최근 한국에서도 글쓰기의 중요성이 부각되고 있다. 대학마다 글쓰기와 토론 등 의사소통 관련 교양수업을 강화하고 있고, 자기소개서 쓰기, 프레젠테이션 자료 작성하기, 기획안 작성하기, 스토리텔링과 글쓰기, 비즈니스 글쓰기 등 특화된 글쓰기 강좌나 책들이 인기를 끌고 있다. 스마트폰으로 하는 채팅, SNS 활동, 블로그 쓰기, 인터넷 게시판의 글쓰기와 댓글 달기, 이메일과 문자 메시지 쓰기 등도 결국 본질은 글쓰기다. 자신의 지식을 뽐내고 콘텐츠를 표현하려면 더 많이 자료를 찾고 다양한 글쓰기 방법을 익혀야 한다. 그렇지 않으면 디지털 시대의 구경꾼이나 소비자 역할만 하기 십상이다.

글쓰기 능력은 대학에서 전문적이고 체계적인 공부를 하기 위해서라도 꼭 필요하다. 대부분의 경우, 대학공부는 글을 읽고, 보고서를 써서 제출하는 방식으로 진행된다. 수업은 교수의 강의를 잘 듣는 것뿐 아니라, 개인이나 팀 발표를 하는 방식으로 진행된다. 발표를 하려면 주제를 선정하는 능력, 자료를 조사하고 문서를 작성하는 능력, 요령 있게 발표하고 설득하는 능력이 필요하다. 간단한 보고서에서 소논문 쓰기나 서술식 시험문항의 답안 작성까지 대학생활은 다양한 글쓰기 능력을 요구한다. 공부의 완성은 글쓰기를 통해 이뤄진다고도 한다. PPT 발표를 할 때도, 먼저 '대본'이라는 것을 만들어 원고와 발표를 준비하지 않으면 안 된다. 대학을 졸업한 뒤의 직장 업무는 자료조사, 보고서 쓰기, 기획안 발표와 토론 등으로 이어지는데, 이는 대학생활 때 익혔던 글쓰기와 발표의 연장선 상에서 이뤄진다고 해도 과언이 아니다.

글쓰기는 우리 사회에서 필요로 하는 경쟁력 있는 인재가 되기 위해 반드시 갖춰야 할 능력이다. 요컨대 글쓰기는 첫째, 세상에 대한 관심, 지적 호기심, 자기표현 욕구에서 시작되며, 둘째, 끊임없이 관찰하고 독서하며 메모하는 습관, 사람들의 언행과 세계에서 일어나는 일들을 비판적이고 통합적으로 사고하는 습관을 통해 발전한다. 셋째, 부지런히 써보고, 읽고, 고치는 습관을 통해 완성된다.

2. 어떠한 생각을 담을 것인가?

대학은 전문적 지식을 배우고, 이를 활용하여 생각의 힘을 기르는 곳이다. 생각의 종류를 말할 때, 세 가지를 말한다. 수용적 사고, 비판적 사고, 창의적 사고가 그것이다.

수용적 사고란 자신이 읽고 듣고 배운 지식을 대체로 수긍하고 받아들이는 사고를 말한다. 초, 중고등학교 때는 거의 그렇게 지식을 받아들였다. 대학시절에는 방대하고, 때로는 서로 충돌하는 내용을 배우기 때문에 지식을 단순히 수용하기란 쉽지 않다. 그러므로 자신의 기준에서 지식을 정리하고, 질문하고, 때로는 의심하는 태도도 필요할 것이다.

비판적 사고란 자신이 배운 지식이 옳고 그른지 따져보는 생각의 방식을 말한다. 이는 또다른 말로 '정보를 분석하고 평가하는 과정'이라고 한다. 비판적 사고는 참이라고 읽고 배운 지식에 대해 그 의미를 파악하고, 제공된 증거와 추론을 검사하고, 사실들에 대해 판정을 내리는 과정을 갖는다. 우리가 배우는 지식이 언제나 옳은 것은 아니다. 지식도 시간과 공간의 제약을 받기 때문이다. 시간이 지나면 예전에 옳다고 생각했던 지식에 오류가 생기기도 하고, 지역이 바뀌면 수정해야 하는 지식도 있기 때문이다. 미국인들을 대상으로 한 실험결과가 한국인들에게 그대로 적용된다는 법은 없다. 그래서 우리는 지식을 배울 때, 한번쯤 의심해볼 줄도 알아야 한다. "정말 그러한가?", "구체적으로 무엇이 그러한가?"

창의적 사고는 어떤 문제에 대해 자신만의 새로운 생각이나 문제해결방식을 제시하는 사고방식이다. 대학 때 익혀야 할 것이 바로 창의적 사고다. 말하기와 글쓰기는 생각을 담아야 하는데, 어떤 생각을 담아야 할지 많이 생각해야 한다. 누구나 그렇게 생각하는 뻔한 지식, 중요하지만 당연한 생각만 담은 글은 재미가 없고, 가치도 떨어진다. 살아 있는 논점과 주제를 고르고, 필요한 근거 자료를 찾아 분석하고, 자신의 문제의식으로 새로운 문제해결 방식을 찾는 것, 그것이 창의적 사고이다. 창의적 사고를 담은 글은 재미있다. 사람들이 읽고 주목하게 된다. 그런 생각을 어떻게 만들어낼 수 있을지, 그런 글을 어떻게 쓸 수 있을지 고민해 보자.

2장. 정보매체의 환경변화와 글쓰기

1990년대 이후 컴퓨터의 보급, 인터넷과 디지털 기기의 확산으로 인해 글쓰기 환경은 급격하게 변화했다. 지식을 습득하는 경로도 책에서 인터넷 문서로 변하고 있고, 글쓰기 방식도 노트에 글을 쓰는 방식에서 컴퓨터를 이용하여 입력 · 저장 · 수정 · 출력하는 과정으로 바뀌었다. 검색 기능이 좋아져서 인터넷 자료를 편집하거나 그대로 복사해서 글을 쓰는 일도 점점 많아지고 있다. 그렇다면 변화한 환경 속에서 어떻게 글을 쓰는 것이 좋을지 생각해보기로 하자.

1. 인쇄 매체와 디지털 매체

20세기 후반까지 사람들이 지식을 얻는 가장 보편적인 방법은 책을 읽는 것이었다. 인류의 오랜 시간 동안 책은 귀족들이 독점했고, 신간은 흔치 않았으며, 고전과 외국에서 수입된 책은 귀하게 취급되었다. 불과 2~30년 전만 해도, 신문과 TV와 라디오 방송의 뉴스는 가장 새로운 소식을 전하는 매체였다. 소설과 시집은 지성인들이 읽어야 했던 필수 교양문학이었다. 그런데 1990년대 중반부터 사람들이 지식을 얻는 방법에 일찍이 없던 획기적인 변화가 생겼다. 컴퓨터가 보급되고, PC통신과 인터넷이 보급되면서 사람들은 디지털 매체를 통해 지식과 정보를 매우 쉽게 얻을 수 있게 되었다.

인터넷 포털 사이트에는 매일같이 수백, 수천 건의 세계 뉴스가 올라오고, 수많은 블로그 글과 사진, 동영상 자료가 탑재되고 있다. 뿐만 아니라 가장 전문적인 지식정보인 백과

사전이나 학술논문도 인터넷과 학술 데이터베이스를 통해 손쉽게 검색할 수 있다. 이메일, 스마트폰과 SNS 사용이 보편화되고, 영화와 유튜브를 통한 동영상의 감상이 일반화되면서 젊은이들은 신문과 소설과 시집을 더 이상 읽지 않게 되었고, TV와 라디오 뉴스도 시청하지 않게 되었다. 문학과 문자 텍스트는 정말 쓸모없게 된 것일까?

한 연구에 의하면, 영상과 디지털 이미지로 뇌 활동하는 것과 문자로 읽고 뇌 활동하는 것은 다른 영역이라고 한다. 문자는 서로 간의 약속을 담은 것이자 상상력을 자극하는 기호이다. 인류는 오랫동안 문자 텍스트를 통해 지식을 축적하고 사고하고 생각을 교류해왔다. 영상과 디지털 매체가 우세해지는 시대이지만, 문자와 문학을 베이스로 한 지식과 사고방식은 여전히 유의미하다. 이는 문해력을 기르는 데에도 필수적이다. 오늘날 한국의 문해력 저하는 심각한 문제가 되고 있다. 문해력이란 글을 읽고 이해하는 능력을 뜻한다. 세상에는 유용한 정보와 부정확한 정보, 의도적인 거짓 정보가 뒤섞인 채 넘쳐나고 있다. 그렇기에 올바른 지식과 질 높은 정보를 찾아 읽고, 정확한 이해와 판단을 하는 능력을 기를 필요가 있다.

대학에서 하는 공부와 글쓰기는 여전히 책을 통해서 지식정보를 얻는 경우가 많다. 책은 아직까지 인류가 발견한 지식을 전달하고 저장하는 주요 매체로 사용되고 있다. 인터넷 자료를 이용하더라도, 한 주제에 관해 심도 있는 고찰을 한 단행본 저술을 찾아 그 주제의 맥락과 다양한 논쟁의 역사를 이해하는 것이 필요하다. 학술논문은 특정한 주제에 대해 여전히 가장 깊이 있는 분석 및 검증된 지식을 보여주므로, 대학생이라면 디지털 매체를 통해 학술논문을 찾아 읽고 최신 지식을 학습할 필요가 있다. 디지털 시대가 되었으니 인쇄매체에 담긴 지식정보는 쓸모없게 되었다는 주장은 가짜 뉴스일 뿐이다. 그러므로 대학생들은 인터넷 자료, 디지털 매체의 자료를 검색·활용하는 것과 더불어, 인류가 오랫동안 축적해온 고전 자료들, 그리고 인쇄매체를 통해 생산되고 있는 수많은 지식정보를 같이 이용해야 한다. 세계의 어떤 대학도 고전과 인쇄자료 읽기를 포기한 곳은 없다는 사실을 유념할 필요가 있다.

2. 인공지능시대의 사고와 표현

인공지능(AI) 기술이 빠르게 성장하면서 글쓰기 환경도 변화하고 있다. 기존의 디지털 매체가 인터넷에 축적된 정보를 사용자의 검색 명령에 맞추어 편리하게 출력해주는 역할을 수행했다면, 인공지능 매체는 여기에서 한 걸음 더 나아가 축적된 정보를 스스로 가공하여 새로운 정보를 생성하는 역할까지 하게 되었기 때문이다. OpenAI사가 개발한 대화형 인공지능 서비스 '챗GPT'가 대표적이다. 이같은 생성형 AI 서비스는 방대한 데이터를 학습하는 능력이 있고 자연어 생성 능력이 있어 사용자와의 원활한 상호작용이 가능하다. 그리고 대화형 서비스이므로 사용이 간편하다. 사용자가 먼저 질문을 던지면 인공지능 매체는 그에 대한 대답을 곧장 출력한다. 또한 아직 기술개발 초기 단계이기 때문에 앞으로의 발전가능성은 무궁무진하다.

그렇다면 인공지능시대에 글쓰기가 갖는 의미란 무엇일까? 대체로 글쓰기의 과정은 유의미한 주제를 생성하고 그에 맞는 자료를 수집한 뒤 논리적인 구성을 갖춰 매끄러운 문장으로 표현하는 순서로 진행된다. 인공지능 매체는 이 같은 글쓰기의 전 과정을 순식간에 처리하여 결과물을 출력한다. 인공지능 매체가 정보를 처리하여 스스로 '사고'하고 그 결과를 자연스럽게 '표현'하게 된 시대이다. 하지만 문제가 있다. 인공지능이 수행한 정보 처리를 완전히 신뢰할 수 없기 때문이다. 생성형 AI 서비스는 이미 존재하는 자료를 효과적으로 요약해주기도 하지만 때로는 존재하지 않는 자료를 거짓으로 만들어내기도 한다. 사용자는 출력된 자료의 진실성을 판단할 수 있어야 한다. 또한 AI 기술의 생성 능력이 인간 고유의 창의적이고 복합적인 사고방식과 같은 것이라고 말할 수 없다. 인공지능 매체의 사고는 사용자가 던진 질문의 범위 안에서 작동하기 때문이다.

이제는 빠르게 변화하는 기술을 주체적으로 활용할 수 있는 역량을 키우는 것이 중요하다. 주어진 정보를 처리하는 속도는 인간이 AI를 따라잡을 수 없지만, 스스로 유의미한 질문을 만들어내는 것은 결국 인간의 몫이다. 우리 스스로가 사고와 표현의 주체로서의 역량을 갖추었을 때 AI 도구를 더 유용하게 사용할 수 있을 것이다.

3. 자신의 시각과 의견 표현하기

요즘 시대는 예전에 비해 자료를 검색하고 편집하기가 훨씬 손쉬워졌다. 인터넷을 검색하면 몇 십 년 전 신문기사와 외국자료를 구할 수 있고, 도표나 이미지, 영상자료도 손쉽게 검색할 수 있다. 전문적인 백과사전이나 위키피디아 자료, 아카이브 자료도 방법만 알면 얼마든지 이용할 수 있고, 학술논문도 학술검색 사이트를 접근할 수 있으면 PDF 파일로 원문 다운로드를 할 수 있으니 자료검색은 너무나 편리한 시대가 되었다. 그래서 지금 시대를 지식공유의 시대요, 집단지성의 시대라고도 한다. 이제 지식은 어느 특정한 사람들의 전유물이 아니니, 적극적으로 검색해 자료의 질을 평가하고 재구성하는 능력이 중요해지고 있다.

　다만, 자신이 검색하고 재구성한 자료에 자신의 시각과 의견을 조금씩 담아가는 방법을 익혀야 한다. 단지 어떤 주제에 대해 인터넷 기사를 참고해 편집·정리만 한다면 다른 사람의 글과 차별성을 갖기 힘들기 때문이다. 글이란 일정한 정보와 지식을 제시·활용하는 것도 중요하지만, 자신의 시각, 의견, 주장을 드러내려고 애써야 한다. PPT 발표를 하는 경우에도 자신이 참고한 정보와 지식을 어디에서, 어떠한 과정을 거쳐 얻은 것인지를 페이지마다 밝혀주고, 자신의 생각했거나 새롭게 주장하는 부분은 구분해서 밝혀줄 필요가 있다. 완전한 창의란 없다. 자료를 적극적으로 검색·활용하되, 단순하게 편집만 하는 것이 아니라 자신의 시각·생각·의견을 담으려고 노력한다면 분명 글은 점점 더 좋아질 것이다.

3장. 좋은 글의 요건

어떻게 하면 좋은 글을 쓸 수 있을까? 글쓰기의 핵심은 내가 하고 싶은 말을 잘 표현하는 것에 있다. 이렇게 하려면 생각을 정리하여 글을 쓰는 습관을 들이고, 좋은 글을 찾아 읽어보며 학습하는 과정이 필요하다. 좋은 글들을 살펴보면 대개 공통적인 특징이 발견되는데, 우선 좋은 생각을 담고 있으며, 그것이 좋은 문장으로 표현되었으며, 아울러 좋은 짜임새를 갖추고 있다. 이를 주제, 문장, 구성이라는 개념으로 설명할 수 있다. 이를 좀 더 구체적으로 설명하면 다음과 같다.

첫째, 주제가 타당하고 분명해야 한다.

좋은 글은 그 주제가 타당하고 분명해야 한다. 자신이 쓰고 싶은 글의 내용이 무엇인지 여러 번 생각하고, 한두 문장으로 적어보자. "나는 무엇을 위해 이 글을 쓰는가?" "나는 왜 이 글을 쓰는가?", "내가 주장하고 싶은 이야기는 무엇인가?"에 대해 스스로 묻고 답해야 한다. 이 물음에 대한 답들이 글의 목표와 주제가 된다.

둘째, 창의적 사고를 담아야 한다.

우리가 대학에서 쓰는 글들은 대개 주제와 자료가 비슷할 때가 많으며, 자기주장이 분명하지 않을 때가 많다. 비슷한 글은 차별성이 없다. 좋은 글을 쓰려면 먼저 '타당하고 분명한 주제'를 잡아야 한다고 했는데, 이를 좀 더 구체적으로 표현하면, ①새로운 주장(내용), ②새로운 관점(방법), ③새로운 자료(사례)를 포함시켜야 한다. 이중 하나 이상을 갖춰 활용한 글을 우리는 '창의적 사고'가 담긴 글이라고 평가한다. 창의적 사고가 담긴 글은 사람들에게 깊은 인상을 주며, 영감을 자극한다.

창의적 사고를 얻는 가장 효율적인 방법은 '다독(多讀)'이다. 책이나 학술논문, 신문 기사, 각종 디지털 자료, 동영상 및 시각 자료들을 읽으며 우리는 창의적인 관점, 주장, 자료들을 파악하고 활용할 수 있다. 대학은 이런 자료들을 가장 많이 소장하고 있고 무료로 제공하고 있다. 여행이나 체험, 다양한 사람들과의 만남도 창의적 상상력을 얻는 데 큰 도움이 된다. 이러한 경험을 많이 한 사람들은 창의적 글쓰기 자료를 많이 갖춘 셈이다.

셋째, 문장은 '명확한 의미 전달'과 '정확한 표현'이 핵심이다.

좋은 문장이란 '명확한 의미 전달'과 '정확한 표현'으로 요약될 수 있다. 명확한 의미를 전하려면, 대상이나 수식어를 표현할 때 오해나 혼란을 일으키는 불명확한 개념이나 서술은 피해야 한다. 일찍이 허균은 "어렵고 교묘한 말로 글을 꾸미는 것을 문장의 재앙"이라며 경계하고, "글이란 자신의 마음과 뜻을 다른 사람에게 제대로 전할 수 있도록 쉽고 간략하게 짓는 것"이라며, 의미의 명확한 전달을 강조했다.

정확한 문장으로 표현한다는 것은 합당한 단어를 사용하는 것, 주어-서술어 등 문장성분을 연결시키는 것, 너무 길지 않게 쓰는 것, 맞춤법과 문법 지키기와 같은 주의사항을 지키는 것을 의미한다.

《Tip》 정확한 문장을 쓰는 방법

- 주어-서술어 등 문장성분 연결
  - 문장을 쓸 때 늘 '주어-서술어'가 호응되도록 유의한다.
  - 주어, 목적어, 서술어 등 필수 문장 성분이 빠지지 않았는지 확인한다.

- 너무 길지 않은 문장
  - 문장이 너무 길어지지 않도록 주의한다. 한 문장에 '주어-서술어'의 구성은 두 번까지만 사용하는 게 좋다. '주어-서술어' 구조가 여러 번 반복되면, 글이 복잡하다는 인상을 주기 쉽다.
  - 초고를 쓸 때는 가급적 단문으로 짧게 쓰고, 불필요한 수식어를 삼가는 것이 좋다.

- 맞춤법과 문법 지키기
  - 한글맞춤법과 국어사전을 찾아보며 오자를 고치려 노력한다.
  - 조사, 어미의 쓰임을 바르게 한다.
  - 쉼표와 마침표 등 문장부호를 바르게 사용한다.
  - 비교와 대조, 나열 등 성분이나 단어들이 이어지는 관계가 쉽게 나타나도록 한다.
  - 피동 표현을 줄이고, 가능하면 능동 표현을 사용한다.

넷째, 짜임새 있는 구성을 갖춰야 한다.

좋은 글은 목적에 맞는 나름의 틀을 갖추어야 한다. 가장 일반적 구성은 '시작-중간-끝'의 형식으로 설명되기도 한다. '시작'과 '끝'이라는 형식 없이, '중간'(본론)만 써서 채운 글은 재미가 없고, 조급하다는 평가를 받기 쉽다.

설명문이라면 '머리말-본문-맺음말', 논증문은 '서론-본론-결론' 등의 형식이 있다. 우리가 대학생활 글쓰기를 위해 쓸 실용적 글들(설명문, 보고서, 감상문, 서평 등)을 아우르는 일반적 구성으로는 '배경-내용과 의견-요약'이라는 3단계 구조를 익혀두면 좋다. 논증문을 예로 들어 각 단계에서 쓸 내용을 요약하면 다음과 같다.

서론에서는 '왜 내가 이 글을 쓰는가?'라는 질문을 의식하며, 글쓰기의 맥락과 문제의식, 논점을 제시한다. 본론에서는 '나는 무엇을 주장하는가?'라는 질문에 대해, 주장을 한두 가지로 항목화하여 내세우고, 각 주장마다 근거 자료를 들어 논리적이고 구체적으로 풀어 쓴다. 본론은 나의 주장 및 의견을 잘 드러내는 것이 핵심이다. 결론에서는 앞에서 한 이야기들을 간략히 요약하고, 시사점이나 제언 등을 기술하며 글을 끝맺는다.

각 단락의 분량은 너무 길지 않게 한다. 한 문단은 보통 4~6개의 문장으로 구성하는 것이 적당하다. 문단의 첫머리는 반드시 들여쓰기를 해서 문단이 시작되는 것을 보여준다. 처음부터 끝까지 한 문단으로 쫙 이어진 긴 글은 읽기에 매우 부담스러우므로 적절한 분량으로 글을 쓰는 것이 좋다.

1 아래 〈글쓰기 습관 점검표〉를 보고, 자신의 글쓰기 습관을 점검하고, 개선할 점을 적어 보자.

· 내용

1. 주제를 분명하게 설정하고 쓴다.

2. 생각한 주제를 주제문으로 작성한다.

3. 개요를 작성하고 쓴다.

4. 주제에 필요한 자료를 찾는 방법을 알고 있으며, 자료를 충분히 검토한다.

5. 대안이나 해결방안을 구체적으로 생각해낸다.

6. 내 글을 읽을 독자를 고려한다.

7. 제목을 반드시 붙인다.

· 형식

1. 글의 주제에 맞는 구성방식을 정해 쓴다.

2. 단락이 새롭게 시작되면 들여쓰기를 한다.

3. 글은 '서론-본론-결론'의 형식을 의식하며 쓴다.

4. 단락의 분량을 적절하게 맞춰 쓴다.

---

2 자신의 글쓰기 능력은 어느 정도라고 생각하는가?

(1) 매우 잘한다   (2) 잘한다   (3) 보통이다

(4) 못한다   (5) 아주 못한다

3 글쓰기에서 가장 자신 없는 부분은 무엇인가?

(1) 맞춤법과 띄어쓰기   (2) 어휘력   (3) 어법에 맞는 문장

(4) 단락구분   (5) 제목 붙이기

4 다음 문제에 대해 메모해보고, 옆 사람들과 이야기해보자.

(1) 최근 나는 어떠한 책을 읽고 있는가?

---

(2) 내가 읽은 책에서 느낀 것은 무엇인가?

---

(3) 동영상 자료보다 독서(또는 고전 읽기)가 대학시절 공부에 어떠한 도움이 된다고 생각하는가?

---

5 생성형 인공지능을 활용해 글쓰기를 해 본 경험에 대해 적어보고, 옆 사람들과 이야기해
보자.

(1) 생성형 인공지능을 활용해 글쓰기를 해본 경험이 있는가? 어떻게 활용했는지 말해
보자.

----

(2) 생성형 인공지능을 활용한 글쓰기의 유용한 점, 단점 및 보완해야 할 점에 대해 말해
보자.

II

•

글쓰기의 기초

단락은 글쓴이가 전달하고자 하는 내용을 체계적으로 보여주는 가장 작은 단위이다.
한 편의 글을 쓰기 위해 글의 기본 단위인 소주제와 단락에 대해 배우고, 서술의
방법인 설명과 논증에 대해 구체적으로 살펴보고 적용해보자.

1장. 소주제와 단락

1. 단락이란

한 편의 글에는 단어나 문장처럼 글쓴이의 생각을 나타내는 내용적 요소 외에도 의미 전달을 더욱 명확하게 하기 위해 만들어진 형식적 요소가 존재한다. '띄어쓰기', '문장부호', '들여쓰기' 등이 그 대표적 사례다. '띄어쓰기'는 어절과 어절을 구별함으로써 글을 읽을 때 문장의 성분과 구조를 보다 쉽게 파악할 수 있게 한다. 쉼표, 마침표, 물음표, 느낌표 같은 '문장부호'는 구절이나 문장을 구별하는 기능과 함께 글쓴이의 의도나 글의 의미를 보완해 주는 역할도 수행한다. '들여쓰기'는 하나의 단락이 끝나고 다른 단락으로 바뀔 때 사용한다. 그런데 글을 쓸 때 띄어쓰기와 문장부호는 비교적 자연스럽게 사용하는데 비해, 들여쓰기는 글의 어떤 지점에서 행해야 하는지 망설이는 때가 많다. 이는 단락에 대한 이해가 분명하게 잡혀 있지 않기 때문이다.

단락은 글쓴이가 전달하고자 하는 내용을 체계적으로 보여주는 가장 작은 단위이다. 단어와 단어가 모여 문장이 되고, 문장들이 모여 단락이 되고, 단락이 모여 한 편의 글이 완성된다. 단락은 들여쓰기를 통해 겉으로 구별되고, 한 편의 글은 대개 하나 이상의 단락으로 이루어진다. 하나의 단락 안에서는 하나의 중심 생각만이 존재해야 하는데, 글의 전체 주제(대주제)와 구별하기 위해 단락의 중심 생각을 소주제라 부른다. 단락은 서로 연관된 여러 개의 문장이 모여서 '하나의 중심 생각'을 만들어내는데, 소주제를 담고 있는 문장을 소주제문(중심문장)이라고 한다. 단락의 소주제를 효과적으로 제시하기 위해서는 이것을 뒷받침해 주는 문장이 필요하다.

2. 단락 구분의 필요성

　단락에 대한 이해가 부족하면 단락을 나누지 않고 글 전체를 하나의 단락으로 만들거나, 문장 하나를 하나의 단락으로 쓰기도 한다. 들여쓰기 형식을 통해 단락을 나누는 것은 눈으로 글의 구조를 파악하게 하는 기능도 있지만, 무엇보다 소주제를 유기적으로 배치하여 글의 논리와 체계를 세우기 위함이다. 각 단락의 작은 생각들을 하나씩 파악해 나감으로써 글 전체의 큰 생각을 자연스럽게 이해하게 된다.

　그렇다면 좀 더 구체적으로 어떤 때에 단락을 구분해서 써야 하는지를 생각해 보자. 우선 생각이나 논점, 주장이 달라질 때는 반드시 단락을 구분해야 한다. 전달하고자 하는 핵심 내용이 달라지기 때문이다. 그 외에도 서술하고자 하는 대상이 달라지면 단락을 구분해서 써야 한다. 예를 들어 대상으로 삼은 사건이나 현상이 변화하거나, 혹은 서술 대상이 위치하는 시간, 공간, 장면이 달라진다면 단락을 바꿔 준다. 또한 대상 인물이 달라졌거나 대상의 상태, 동작 등에서 어떤 변화가 있을 때도 단락을 구분해 서술해 주는 것이 좋다. 마지막으로 다른 사람의 글을 직접 인용할 때 인용문의 길이가 길면 단락을 따로 만들어 제시하는 편이 좋다. 단락을 구분하는 것은 글을 쓰는 사람의 의도에 따라 이루지는 것이지만, 소통을 중요하게 생각한다면 글을 읽는 사람의 입장을 무엇보다 우선적으로 고려해야 한다.

3. 단락 쓰기 유의점

문장과 단락은 다르다.

한 단락에서 다른 단락으로 넘어갈 때는 줄을 바꾸고 칸을 들여 쓴다. 이는 원고지 글쓰기나 컴퓨터 문서 작업에도 마찬가지로 적용된다. 최근 인터넷 글쓰기를 보면, 한 문장이 끝날 때마다 줄을 바꿔 쓰는 사례를 자주 발견하게 된다. 별 생각 없이 습관처럼 줄을 바꿔 쓰는 사람이 의외로 많다. 이는 단락 개념이 제대로 서 있지 않기 때문이며, 대개 자신의 생각이나, 써야 할 글의 내용이 충분히 준비되지 않은 상태에서 글을 쓰기 때문이다. 여러 문장을 합쳐 하나의 소주제를 충분히 다룬 다음, 줄을 바꾸고 들여쓰기를 한다는 사실을 기억하자.

한 단락에는 하나의 소주제만을 다룬다.

생각이 정리되지 않은 채로 글을 쓰면 여러 개의 소주제를 하나의 단락에 늘어놓게 된다. 이 경우 글이 산만해지고 중언부언하게 되어 단락의 일관성, 통일성을 해치게 된다. 하나의 소주제에 모든 것을 응집시켜 하나의 단락을 만드는 훈련이 필요하다.

특정 단락이 너무 짧거나 너무 길면 글의 안정감이 떨어진다.

특별한 경우를 제외하면 대개 단락은 여러 개의 문장으로 이루어진다. 그런데 논증의 글에서 서론, 본론, 결론을 체계적으로 구성하지 못해, 서론이 장황하게 길어지거나 결론을 한 두 문장으로 맺는 경우가 많다. 단락의 길이는 전체 글의 구성과 조화를 이루어야 하며, 서론, 본론, 결론 등의 각 구성 단계에 부합하는 내용을 담아야 한다. 개요를 작성하면서 단락의 적정한 분량을 미리 정해놓는 것도 구성의 안정감을 높이는 하나의 방법이다.

4. 단락 구성하기

하나의 단락은 소주제문(중심문장)과 뒷받침문장들로 구성된다. 소주제문은 완전한 문장의 형태로 써야 하며, 제한된 하나의 생각을 진술하고, 의문문, 감탄문, 부정문은 피하는 것이 좋다. 또한 명료한 어미를 사용하여, '~라고 생각한다', '~인 것 같다' 등의 표현은 피한다.

소주제문이 한 단락에서 어디에 놓이느냐에 따라 두괄식 단락, 미괄식 단락, 양괄식 단락으로 구분한다. 두괄식 단락은 소주제문을 먼저 제시하고, 뒤이어 뒷받침문장들을 통해 부연 설명하거나, 예시를 들어 구체화하거나, 근거를 들어 논리적으로 증명하는 방식을 취한다. 미괄식 단락은 뒷받침문장들이 먼저 제시되고 이를 포괄하는 소주제문으로 마무리를 한다. 양괄식은 단락의 처음과 끝에 소주제문을 반복적으로 제시하여 글의 주제를 더욱 강조한다.

(1) 두괄식 단락 구성

두괄식 구성이란 하나의 단락을 만들 때 중심 생각을 담은 소주제문을 단락의 처음에 위치시키는 방식을 말한다. 두괄식은 글쓴이의 생각을 맨 앞에서 분명하게 제시하는 방식으로, 독자들에게 글의 중심 생각을 쉽게 파악할 수 있게 해준다. 이 경우 중심문장 다음에 오는 뒷받침문장들이 내용에 대한 이해를 보완하고 풍부하게 만들어 주는 역할을 담당한다.

중심문장 + 뒷받침문장들

예문 1 두괄식 단락

일부 학자들은 남성의 공격적 성향이 생물학적 근거를 가진다기보다 사회적이고 문화적인 환경과 관련된다고 본다. 이들은 남성의 공격 성향은 문화권마다 차이를 나타낸다고 말한다. 사실 어떤 문화권에서는 남성들이 다른 문화권에서보다 더 '수동적'이거나 '얌전하게' 행동해야 한다. 그러므로 결국 문화적 요인이 문제가 된다고 볼 수 있다. 대개의 문화권에서 여성은 자식을 잉태하고 양육하는 데에 삶의 중요한 부분을 사용하기 때문에, 사냥이나 전쟁에 우선적으로 참여할 수 없었던 것이다. 오랜 기간 동안 사회적으로 주어진 역할을 지속하는 과정에서 남성은 더욱 공격적으로, 여성은 스스로를 점점 수동적으로 만들어왔다고 볼 수 있다.

(2) 미괄식 단락 구성

미괄식 구성은 중심문장을 단락의 제일 마지막에 위치시키는 방식을 말한다. 미괄식은 중심문장을 이끌어내기 위해 충분한 근거나 설명을 미리 제시하기 때문에 뒷받침문장들 사이의 논리적 연관성이 특히 중요하다. 따라서 글의 내용이 독자들의 공감을 얻거나 동의를 구하기 쉽지 않을 때 미괄식 구성을 활용하면 효과적이다. 미괄식은 중심문장이 단락의 끝에 있어 글쓴이의 생각을 미리 알 수 없기 때문에 독자들은 더욱 집중해서 글을 읽게 된다.

뒷받침문장들 + 중심문장

예문 2 **미괄식 단락**

〈블레이드러너〉며 〈터미네이터〉 같은 과학-미래영화들은 사이보그들이 세계를 지배하고 인간은 억압당하거나 축출당하는 음울한 장면을 보여주고 있고 〈가타카〉는 가짜의 유전인자로 출세를 꾀하는 생명공학의 왜곡된 장래를 그리고 있다. 과학기술자들과 미래학자들은 갖가지의 기술과 발명들로 한없이 늘어나는 생활의 편의와 물질의 풍요, 의료의 혜택을 들어 인류의 진보를 믿으며 희망의 내일을 약속해 주고 있는 데 반해, 영화와 문학의 예술가들은 이처럼 불길하고 비관적인 전망을 숨김없이 제시하고 있는 것이다. 이 같은 부정적인 시각은 과학이 세계의 형태를 압도하기 훨씬 전인 19세기 초의 메리 셸리가 『프랑켄슈타인』을 통해 인간이 만든 과학에 의해 인간 스스로가 파멸하리라는 암울한 예언을 한 이후 1930년대 올더스 헉슬리의 『멋진 신세계』와 40년대 조지 오웰의 『1984』에 이르기까지 끈질긴 전통으로 이어지고 있다. 이 과학-미래소설들은 과학과 기술의 성장과 발전이 문명의 풍요를 만들어내겠지만 정작 인간의 역사는 누추한 모습으로 비극적인 종말을 고할 것이라고 경고하고 있는 것이다.

* 김병익, 「예술과 과학, 그 만남의 세 모습」, 『기억의 타작』, 문학과지성사, 2009.

1 다음 화제를 발전시켜 주제를 구상해보고, 중심문장과 뒷받침문장들로 이루어진 하나의
   단락을 만들어보자.

(1) 나에게 영향을 준 인물

_____

_____

_____

_____

_____

(2) 20대에 꼭 하고 싶은 일

_____

_____

_____

_____

2 다음 내용으로 두괄식 혹은 미괄식 단락을 만들어보자.

(1) SNS에서의 자기 과시

----

(2) 비혼주의 확산

----

(3) 동물 실험

2장. 서술의 방법

1. 설명하기

설명: 이해를 위한 글

설명이란 어떤 사실이나 사물에 대하여 정보와 지식을 주고 이해를 돕는 서술 방식이다. 이미 알려진 사실이나 지식을 토대로 하여 어떤 일의 내용이나 현상, 이유 또는 개념이나 원리, 법칙 등에 대해 알기 쉽게 풀어 쓴 글이다.

일상생활에서 쉽게 접하는 다양한 글에서부터 학습을 위한 교재에 이르기까지 많은 글들이 설명의 방식을 취하고 있다. 전자제품을 살 때 접하게 되는 사용설명서나, 각종 기관의 홈페이지에 접속할 때 만나게 되는 소개란, 그리고 지식을 얻기 위해 가장 쉽게 활용하는 백과사전이나 각종 교과서 등을 예로 들 수 있다.

설명하는 글은 독자의 필요에 알맞은 내용으로 일정한 순서와 논리에 따라 체계적으로 정리해야 한다. 무엇보다 개인적 의견이나 감정을 최대한 배제하고 객관적으로 써야 하며, 전달하려는 내용을 알기 쉽게 구체적으로 써야 한다. 설명의 글은 대상에 대한 이해를 목적으로 하기 때문에 어려운 말이나 장황한 수식어는 피하고 최대한 간결한 문장을 사용하는 것이 좋다.

설명하는 글의 표현 방법에는 정의, 비교·대조, 예시, 분류·구분, 분석, 설명적 서사, 설명적 묘사 등이 있다.

(1) 정의

정의는 어떤 말이나 사물의 뜻을 밝히는 방법이다. 주로 어떤 개념에 대해 설명하며, 가장 대표적이고 간단한 사례는 사전적 정의이다. 그러나 대상을 제대로 이해하기 위해서는 사전적 정의만으로 충분하지 않은 때가 많다. 이런 경우 대상의 어원이나 기원 등을 통해 개념을 확장하고, 자신의 주관적이고 독창적인 견해를 더해 대상을 새롭게 규정하는 '확대 정의하기'도 가능하다. 글쓰기의 주제를 선정하고 나서 그에 맞게 글을 쓰는 동기를 제시한다거나, 자신이 앞으로 쓸 내용에 흥미를 환기시키기 위해 확대 정의를 활용하면 좋다. 즉 확대 정의는 일반적이고 사전적인 정의만으로는 대상의 속성을 구체적으로 파헤치거나, 자신의 주장을 펼쳐나가기 어려울 때 필요하다. 확대 정의라고 해서 자기 마음대로 자유롭게 설명하는 것이 아니라, 자신이 쓰려는 글에서 대상에 대한 새로운 정의가 필요한 맥락을 고려하는 것이 무엇보다 중요하다.

예문 1 사전적 정의와 확대 정의

휴대폰	
사전적 정의(표준국어대사전)	확대 정의(학생 글)
손에 들거나 몸에 지니고 다니면서 걸고 받을 수 있는 소형 무선 전화기	편리한 물건으로 자유를 제공하지만 반대로 삶의 즐거움과 여유를 방해하고 구속하는 물건. 하지만 이런 사실을 알아도 버릴 수는 없는, 현대인을 중독에 빠뜨리는 필요악과 같은 대상

예문 2 개념의 기원과 역사를 설명하는 정의의 글

마녀사냥

정치적인 이유에서, 혹은 여론에 밀려 무고한 사람을 죄인으로 모는 것을 마녀사냥이라고 한다. 그런데 마녀사냥은 원래 종교에 바탕을 둔 용어로 무고한 사람을 단죄하려는 의도가 두드러졌던 것도 아니다. 역사적으로 마녀사냥은 중세에 성행했던 종교재판에 근원을 두고 있다. (중략) 그리스도가 지배 이데올로기로 자리 잡은 유럽의 중세에서는 교회의 '정통' 교리에서 조금만 벗어나도 이단으로 간주했다. 종교재판에서는 이 이단을 곧 마법이라고 규정한 것이다.

종교재판의 과정은 결코 객관적이지 않았다. 명칭이 재판이라고 해서 오늘날의 법적

절차를 연상하면 안 된다. 우선 종교재판관은 누구의 고소도 필요 없이 의심이 가는 사람을 데려다 놓고 바로 심문할 수 있었으며, 당사자의 자백이 없어도 두 사람의 증언만으로 간단히 유죄판결을 내릴 수 있었다. 게다가 고문도 승인되었다. 냉전시대의 간첩 신고처럼 교회는 이단에 대한 밀고를 적극 장려하였다.

종교개혁의 분위기가 무르익어갈 무렵인 15세기 말에 카톨릭 세력의 정치적 중심이 에스파냐로 옮겨가면서 '마녀'라는 용어가 부쩍 자주 사용되기 시작했다. 이 시기에 마녀는 단지 마법을 쓰는 여자가 아니라 악마와 계약하고 성관계를 맺은 존재였다. 이런 마녀론이 등장함에 따라 본격적인 마녀사냥이 개시되었다.

재판관은 피의자에게 가혹한 고문을 가해 1년에 한 차례 깊은 밤중에 열린다는 '악마의 연회'에 참석했다는 자백을 받아내고 그것을 마녀라는 증거로 간주했다. SF영화도 아니고 그런 연회가 실제로 존재할 리는 없을 터다. 그들의 숨은 의도는 전염병이나 천재지변을 당한 마을에서 액땜을 하거나 이를 주술적으로 예방하려는 것이었다. 이를테면 마녀는 종교적 희생양인 셈인데, 실제로 그 제물이 된 사람들은 꽤 많았다. 모두 합쳐 만 명이 넘는 여자들이 희생되었고 한 번에 백 명 이상이 처형되기도 했다. 백년전쟁의 히로인인 프랑스의 잔 다르크도 영국군의 포로로 잡힌 후 마녀로 몰려 열아홉 꽃다운 나이에 화형에 처해진 사건은 너무도 유명하다.

아무런 증거도 없고, 증거가 있을 수도 없었지만 그렇기 때문에 오히려 사람들의 공분을 자극했던 마녀사냥은 교회의 영향력이 약화되고 근대 이성이 생겨난 17세기 말 무렵에 이르러서야 사라졌다. 오늘날에는 사법적 절차에 의해 형이 집행되어야 할 대상이 여론과 매체에 의해 미리 재단되는 현상을 가리켜 '현대판 마녀사냥'이라고 부른다. 마녀사냥은 이단 심문이라는 종교적 의미로 출발했지만 그 이후 희생양이라는 주술적인 의미로 바뀌었고 현대에 들어서는 무고(誣告)를 가리키는 비유어로 자리 잡았다.

* 남경태, 『개념어 사전』, 들녘, 2008.

예문 3 확대 정의의 글

우리 시대의 영웅

사전에서 정의하는 영웅이란 지혜와 재능이 뛰어나고 용맹하여 보통 사람이 하기 어려운 일을 해내는 사람이다. 오래 전부터 각 민족 혹은 문화권에는 비범한 영웅들이 실제로 존재했고, 평범한 사람들로부터 그들은 길이길이 찬양의 대상이 되었다. 과거 이야기 속의 영웅은 초인적인 능력을 발휘하여 악을 물리치고 공동체를 보호했다. 오늘날의 영화 속 영웅도 비범한 초능력을 갖추고 공동체를 보호하기 위해 외부의 침략이나 재난에 맞서 싸운다. 그러나 이처럼 멋진 영웅들의 세계는 비현실적으로 느껴진다. 평범한 사람들은 도저히 그들을 따라할 수 없다. 그렇다면 우리 주변에, 보다 현실 세계에 가깝게 존재하는 영웅은 어떤 모습일까?

2004년 이라크의 아부그라이브 교도소에서 미국 병사들이 이라크인 수감자들을 일방적으로 폭행하는 학대 사건이 일어났다. 폭행에 가담한 미군들은 마치 게임 속 캐릭터를 대하듯이 이라크인들을 다뤘다. 그들에게 죄책감을 찾아보기는 어려웠다. 폭행에 가담하지 않은 미군들은 폭행을 말리지 않고 뒤로 물러나 그저 방관하고 있을 뿐이었다. 아무도 외부에 이 일을 알리지 않았다. 그러나 조 다비라는 병사는 달랐다. 그는 끔찍한 광경을 지켜보며 침묵할 수 없었고, 결국 동료들의 폭력 행위에 반기를 들었다. 조 다비는 미군들의 잘못된 행동을 세상에 알렸고, 이는 큰 반향을 일으켰다.

동료 군인들을 고발하기로 마음먹기까지 조 다비의 선택은 결코 쉽지 않았을 것이다. 동료에 대한 의리를 저버리고 내부고발자가 된다는 사실이 그를 괴롭혔을 것이다. 고발 이후에 자신의 안전이 보장받을 수 있을지도 확신할 수 없었을 것이다. 하지만 그들의 행위는, 그가 군인으로서 믿고 배워 왔던 모든 가치 기준으로는 받아들일 수 없었다. 따라서 그는 자신이 해야 할 일을 선택했다. 결국 모두가 침묵할 때 그는 외롭게 진실을 알렸다. 침묵한 군인들과 조 다비의 차이는 두려움을 이겨낼 수 있는지 아닌지에 있다. 그것이 바로 지혜이자 용기이고, 재능인 것이다. 즉, 영웅은 당장의 생존과 안전의 욕구를 떨쳐내고 자신의 신념을 끝까지 지켜낼 줄 아는 용기를 가진 사람이라고 정의할 수 있다.

* 학생 글

(2) 비교 · 대조

둘 이상의 대상을 두고 무엇이 같고 무엇이 다른지를 설명하는 방법으로, 차이점을 강조하면 대조, 유사점을 부각시키면 비교라고 한다. 하지만 실제 글쓰기에서 비교와 대조는 엄격하게 구분하지 않고 포괄해서 사용하는 경우가 많다. 비교와 대조는 모호하고 추상적인 대상을 보다 선명하게 파악하는 데 도움을 준다. 비교와 대조의 대상을 선택할 때는 대상들 사이에 서로 맞대응시킬 수 있는 공통점이나 차이점이 있는가를 고려해야 한다. 따라서 비교 · 대조의 근거나 기준이 명확해야 한다. 그리고 그 목적이 대상의 특징을 설명하기 위한 것인지, 아니면 어떤 대상이 다른 대상보다 낫거나 못하다는 것을 독자에게 전달하려는 것인지를 살펴야 한다.

파면과 해임

우리는 일상에서 '파면'과 '해임'을 비슷한 의미로 이해하거나 혼용해서 사용할 때가 많다. 파면과 해임 모두 근로자를 직장에서 강제로 퇴직시키는 징계의 일종이라는 점에서는 같은 의미로 사용해도 무방하다. 그리고 두 가지 모두 중징계에 해당한다. 그러나 파면과 해임은 분명 다른데, 특히 공무원에 적용할 때 그 차이점이 더 분명해진다.

공무원에게 부과되는 해임과 파면은 공무원을 강제로 퇴직시키는 목적을 가진 중징계처분으로, 두 처분은 임용 제한 기간과 연금법상의 불이익에 있어 차이가 있다. 해임의 경우, 3년 동안 공무원으로 임용될 수 없으며 연금법상의 불이익은 원칙적으로 없다. 반면 파면의 경우, 파면된 사람은 5년 동안 공무원으로 임용될 수 없으며, 퇴직급여액의 일부가 삭감되는 등의 불이익을 받게 된다.

또한, 파면과 유사한 인사처분으로 직위해제와 권고사직이 존재한다. 직위해제는 일정 기간 동안 직위를 부여하지 않는 처분이며, 권고사직은 파면될 사람의 사회적 체면을 봐주거나 파면으로 인한 불이익을 사전에 방지하기 위해 사용되는 방법이다.

이렇게 두 징계 조치는 공무원의 퇴직과 관련된 중요한 처분으로, 공직 내의 질서를 유지하고 인력을 효율적으로 관리하기 위한 목적을 가지고 있다. 이러한 처분들을 이해하고 관련 법령을 준수함으로써, 공직에서의 업무 수행이 더욱 투명하고 효율적으로 이루어질 것이다.

(3) 예시

예시는 추상적인 개념이나 일반적인 내용을 구체적이고 특수한 사례를 들어 쉽게 설명하는 방법이다. '예를 들면', '예컨대', '이를테면'이라는 말로 일상에서도 자주 사용하는데, 설명하고자 하는 대상과 관계있는 사례를 들어 보임으로써 전하려는 의미를 분명하게 이해시키는 표현 방법이다. 실제로 존재하는 사물이나 현상, 어떤 사람이 겪은 일화, 통계, 전문가들의 이야기 등이 모두 예시가 될 수 있다.

예문5 예시의 글

동음이의어

우리말에는 소리는 같지만 뜻이 다른 동음이의어가 많다. 예를 들어 '눈'이라고 하면 어떤 사람은 '하늘에서 내리는 눈'을 생각하고, 또 어떤 사람은 '사람의 얼굴에 있는 눈'을 떠올린다. 마찬가지로 '바람'이라는 말은 '차가운 공기'와 '이루고 싶은 소원'이라는 서로 다른 뜻을 품고 있다. 이러한 동음이의어는 그것이 사용되는 말이나 글의 맥락 속에서 그 의미를 분명하게 구별할 수 있다.

(4) 분류 · 구분

분류나 구분은 종류별로 묶거나 나누어 설명하는 방식이다. 작은 단위로 갈라 나가는 것을 구분이라고 하고, 반대로 공통의 성질에 따라 더 큰 단위로 묶어 나가는 방식을 분류라한다. 분류나 구분은 복잡한 여러 사물이나 대상의 특성을 명확하게 하는 데 유용한 설명방식이다. 분류나 구분의 기준은 단일해야 하며, 설명 과정에서 일관성 있게 적용되어야한다. 무엇보다 분류나 구분된 대상들은 서로 겹쳐져서는 안 되며 배타적이어야 한다.

예문 6 분류와 구분의 글

열대 기후

독일의 기후학자 블라디미르 쾨펜은 식물의 분포가 기후조건을 가장 잘 나타낸다는 가정 아래 기온, 강수량, 강수의 계절성을 통해 기후를 분류하는 체계를 만들었다. 기온을 기준으로 크게 한대, 냉대, 온대, 건조, 열대로 구분하지만, 강수량과 계절적 요인을 고려해 매우 복잡한 구분법이 만들어진다.

열대 기후는 1년 평균 기온이 18℃ 이상을 유지하며 많은 비를 내리는 것이 특색이다. 열대는 강수량과 계절과의 상관성을 기준으로 열대 우림, 열대 몬순, 사바나 기후로 나눈다. 열대 우림 기후는 적도 수렴대(ITCZ)의 영향을 1년 내내 받아 덥고 항상 비가 많다. 1년의 모든 달의 강수량이 60mm 이상이다. 적도 지역에서 많이 나타나는 기후로 아프리카 중부의 콩고 분지 일대, 인도네시아, 말레이시아, 필리핀 남부 등 동남아시아 남부 지역, 브라질 내륙에서 나타난다. 생태 자원의 보고이며, 생물 다양성이 잘 보존되어 있는 지역이기도 하다.

열대 몬순 기후는 계절풍(몬순)의 영향으로 인해 비가 엄청 오는 우기와 별로 오지 않는 건기로 뚜렷하게 구별된다. 사바나기후에 비해 연간 강수량이 많은 경향을 보인다. 동남아시아와 남미 북부에서 흔하며 세계 최다우지로 꼽히는 아삼 지방이 여기에 속한다. 방글라데시, 미얀마, 프랑스령 기아나, 서아프리카의 기니 수도 코나크리 부근, 시에라리온, 라이베리아 등이 이 기후에 속한다.

사바나 기후는 열대 몬순 기후처럼 건기와 우기가 구분되는 기후지만, 일반적으로 열대 몬순기후보다 더 비가 적게 오는 기후다. 가장 건조한 달의 강수가 60mm 미만이다. 인도 반도의 중남부 상당 부분, 인도차이나 반도의 상당 부분 또한 이 기후에 속한다.

* https://namu.wiki/w/쾨펜의%20기후%20구분 (방문일: 2018.11.12.)

(5) 분석

분석은 복잡한 대상을 구성 요소와 부분들로 나누어 설명하는 방식이다. 대상의 성분이나 구조, 구성원리, 인과관계 등을 밝혀 독자들의 이해를 돕는다. 어떤 사물이나 개념을 설명할 때 각각의 구성요소들이 어떻게 기능하고 있는가를 따지는 것을 기능적 분석이라하고, 어떤 현상이 발생했을 때 왜 이런 일이 일어났는지 원인을 밝히는 것을 인과적 분석이라 한다.

예문 7 분석의 글

심장

심장은 보통 자기 주먹보다 약간 크고, 근육으로 이루어진 장기다. 주된 역할은 산소와 영양분을 싣고 있는 혈액을 온몸에 흐르게 하는 것이며, 이를 위해 1분에 60~80회 정도 심장근육이 수축한다. 펌프 내지는 자동차의 엔진과 같은 역할을 한다고 이해할 수 있다.

심장은 크게 왼쪽 부분과 오른쪽 부분으로 나뉜다. 구체적으로 오른쪽과 왼쪽에는 각각 심방과 심실이 있고(총 4개의 방), 각 부분 사이에는 판막이 있다. 왼쪽 부분은 산소와 영양분을 실은 신선한 혈액을 뿜어내는 역할을 한다. 그리고 오른쪽 부분은 각 장기를 순환하여 심장으로 들어오는 노폐물과 이산화탄소를 실은 혈액을 폐로 순환시켜 다시 산소를 받아들이게 하는 역할을 한다.

* 서울대학교병원 신체기관정보(방문일: 2024.11.30.)

(6) 설명적 서사

서사적 글쓰기는 사건이나 행동을 시간의 흐름에 따라 기술하는 방법을 말한다. 일이나 사건이 시작되어 진행되는 과정을 서술하여 시간적 흐름에 따른 행동과 상황의 변화를 설명하는 방법이다. 역사 서술에서 특정 시기에 일어난 사건의 처음과 끝을 시간의 흐름대로 설명하기 위해 흔히 사용하는 방법이다. 그 외에도 뉴스에 보도되는 사건 기사도 사건의 발단과 마무리를 일목요연하게 전달하기 위해 서사의 방식을 취하는 경우가 많고, 여행의 경로와 여행지에서의 일화 등을 담은 여행기도 설명적 서사에 속한다.

아마존 여행기

1급 원시림에 들어가던 첫날, 이 날 우리는 16시간 동안 배를 탔다. 원래는 8시간 예정이었다. 아마존 북부에서 출발하기 전 기름을 넣었는데 이런 밀림 지역에 있는 주유소들은 종종 기름에 물을 섞어 판다. 그런데 우리가 만난 주유소가 그중 하나였고, 그 탓에 엔진이 고장 나서 16시간을 노를 저어서 상류로 올라가야 했다. 불행인지 다행인지 고산증과 몸살 기운이 겹친 나는 저 불편한 배에서 16시간을 계속 잠들어 있어서 하루가 1분 같았던 탓에 어떤 상황인지 나중에야 들었다. 다들 매우 불안하고 힘들어했던 것 같은데 나는 편안히(?) 기절상태였던 탓에 불안을 느낄 새도 없었다.

* https://brunch.co.kr/@wander/49 (작성일: 2018.05.21./ 방문일: 2024.12.15.)

(7) 설명적 묘사

일반적으로 묘사는 문학적 글쓰기에 많이 쓰이는데, 어떤 대상이나 현상을 눈으로 보거나 마음으로 느껴 언어로 표현하는 방법이다. 즉 그림 그리듯이 서술해서 독자에게 어떤 구체적인 이미지나 감각을 전달하는 방법이다. 대상을 직접 눈으로 보지 못했거나 어떤 현상을 직접 체험하지 않은 독자들에게 마치 직접 눈으로 보고 감각적으로 접촉한 듯한 실감을 갖게 하는 묘사는 설명의 글쓰기에도 널리 활용된다. 눈에 보이는 대상의 객관적 정보 전달에 초점을 두어 서술하는 객관적 묘사와, 대상을 바라보는 주체의 감정이나 개인적인 경험이 반영된 주관적 묘사로 나눌 수 있다.

예문9 **객관적 묘사**

내 방은 가로가 4미터쯤 되지만 세로는 그 반밖에 안 되어 길쭉한 모양을 하고 있다. 방문을 열고 들어가면 맞은편에 작은 창문이 있고 그 아래에 원목 책상이 자리 잡고 있다. 책상 위에는 최근에 구입한 일체형 컴퓨터가 매끈한 모양새로 놓여 있어, 곳곳에 흠집이 난 낡은 책상과 묘한 대조를 이룬다. 컴퓨터의 왼쪽 편에는 아무렇게나 놓인 책 몇 권과, 잡동사니를 넣어두는 흰색 플라스틱 사각형 바구니가 있다. 방문 쪽에서 볼 때 왼편 벽면에는 장식장이 있고, 오른쪽 벽면에는 커다란 세계지도가 걸려 있다. 유리문이 달린 장식장 안에는 내가 만든 조립식 자동차들이 촘촘하게 진열되어 있다. 빨강, 파랑, 노랑 등으로 화려하게 채색한 장난감 차들은 모두 200개 가까이 된다. 나는 애지중지하는 자동차를 위해 과감하게 침대를 포기하고 장식장을 들여놓았다. 폭이 좁은 방의 구조 탓에 침대를 놓을 공간이 여의치 않았기 때문이다.

무진기행

무진에 명산물이 없는 게 아니다. 나는 그것이 무엇인지 알고 있다. 그것은 안개다. 아침에 잠자리에서 일어나서 밖으로 나오면, 밤 사이에 진주해 온 적군들처럼 안개가 무진을 빙 둘러싸고 있는 것이었다. 무진을 둘러싸고 있는 산들도 안개에 의하여 보이지 않는 먼 곳으로 유배당해 버리고 없었다. 안개는 마치 이승에 한이 있어서 매일 밤 찾아오는 여귀(女鬼)가 뿜어내 놓은 입김과 같았다. 해가 떠오르고 바람이 바다 쪽에서 바꾸어 불어오기 전에는 사람들의 힘으로써는 그것을 헤쳐 버릴 수가 없었다. 손으로 잡을 수 없으면서도 그것은 뚜렷이 존재했고 사람들을 둘러쌌고 먼 곳에 있는 것으로부터 사람들을 떼어 놓았다. 안개, 무진의 안개, 무진의 아침에 사람들이 만나는 안개, 사람들로 하여금 해를, 바람을 간절히 부르게 하는 무진의 안개 그것이 무진의 명산물이 아닐 수 있을까!

* 김승옥, 『무진기행』, 민음사, 2007.

1 다음에 대해 설명하는 글을 써보자.

(1) 올해의 신조어 가운데 하나를 골라 확대 정의하기

----

(2) 현재 한국의 20대 남녀가 겪는 삶의 고통을 비교 · 대조하기

----

(3) 한국사회에서 갈등을 유발하는 가장 심각한 차별을 예시하기

----

(4) 최근에 가장 인상 깊었던 사회적 사건을 서사의 방식으로 설명하기

----

2. 논증하기

논증: 설득을 위한 글

논증이란 어떤 문제나 쟁점에 대해 이유나 근거를 들어 옳고 그름을 판단하여 주장하는 글의 방법이다. 인간은 누구나 일상생활에서 자신의 판단을 다른 사람에게 표현하고, 가능하면 자신의 생각에 다른 사람들이 동의하기를 기대한다. 즉 논증의 목적은 상대방을 내 주장에 따르도록 설득하는 데 있다. 주장하는 글의 대표적 사례로는 신문 사설이나 칼럼(시평 時評) 등이 있고, 특정 단체나 조직의 결의문, 인터넷 커뮤니티에 올라오는 대중들의 토론 글 등도 이에 속한다.

(1) 논거

논거란 주장이 타당함을 뒷받침해주는 논리적 근거를 가리킨다. 논거는 논증에서 반드시 필요한 요소이며, 얼마나 객관적이고 타당한 논거인가에 따라 주장의 설득력도 높아진다. 따라서 논거는 확실하고 구체적이면서도 근거로서의 대표성을 지녀야 한다. 논거에는 사실 논거와 소견 논거가 있다.

1) 사실 논거

사실 논거는 주장을 뒷받침할 수 있는 중립적인 수치, 사실적인 정보, 혹은 직접 관찰한 내용 등의 근거들을 가리킨다. 사실 논거는 주장의 신뢰성을 확보하는 데 결정적인 역할을 하기 때문에 가장 중요한 논거라고 할 수 있다. 따라서 다수 대중들에게 객관적인 신뢰를 주는 사실 논거의 확보가 필수적이다. 과거 역사를 기록한 문헌자료, 검증된 신문 기사나 여론조사, 인터넷에서 수집한 자료들, 일상의 실제 경험들이 사실 논거의 예가 될 수 있다.

예문 1   수치화된 통계 자료

폭염 재해, 모두를 쉬게 하라

"날씨는 이데올로기이다." 프랑스 기호학자 롤랑 바르트가 한 말이다.

날씨는 우리를 지배한다. 폭염이 시작되는 시기쯤 가슴 아픈 뉴스가 전해질 때가 많다. 폭염 속에서 일하다가 사망한 사람들의 이야기이다. 불볕더위 속에서 목숨을 잃을 줄도 모르고 일했던 사람들은 성실한 가장이 많다. 한편, 어느 가정에서는 하루 종일 에어컨을 켜놓고 지내면서 "저 아저씨는 진짜 더워서 죽은 거야?"라고 묻는 아이에게 부모가 "저렇게 더운 곳에서 일하지 않으려면, 공부를 열심히 해야 한다"고 말한다. 폭염은 계층 간 삶의 격차를 그대로 보여주는 자연 재해이자 사회 재해이다.

폭염 재해의 피해자는 주로 노동자와 노인, 병약자들이다. 폭염 재해는 그 사회가 약자를 보호하고 있는지, 인권 상태는 어떤지를 보여주는 리트머스 시험지와 같다. 이미 많은 나라가 폭염을 기후재해의 하나로 포함시켰다. 우리나라도 온열 사망자가 급격히 증가했던 2018년 국가 재해의 범주에 폭염을 포함시켰다. 이전까지 폭염이 심각한 자연 재해로 여겨지지 않았던 이유는 태풍이나 홍수처럼 집중적인 재난 장면이 사람들에게 각인되지 않기 때문이다.

하지만 폭염은 무서운 재해다. 쪽방촌에서 낡은 선풍기에 의존하며 지내는 허약한 중장년 1인 가구와 만성질환 노인들이 더위 속에서 죽고, 인적 드문 농촌의 밭 한복판에서 농부들이 쓰러져 사망에 이른다. 그래서 폭염은 조용한 기후살인이라고도 불리며, 실제로 홍수나 태풍보다 더 많은 사람들의 목숨을 앗아간다. 통계청 집계에 따르면, 2011년부터 2019년까지 폭염 사망자 수는 총 493명으로 태풍과 호우에 의한 인명 피해를 합친 것보다 3.6배가량 많다. 유럽 연합의 통계청인 '유로스탯(Eurostat)'은 유럽 16개 국가에서 2022년 5월 30일부터 9월 4일까지 6만 2000명 정도가 열질환으로 사망했다고 발표했다.

폭염은 신체 질환이 있는 사람들에게도 독소 같은 역할을 한다. 2022년 와이즈라는 빅데이터 연구팀이 서울시 건강 빅데이터를 기반으로 연구한 결과, 빈혈 · 치매 · 심장 및 신장 질환 · 고혈압 · 당뇨 등의 질환은 폭염 영향을 크게 받고 사망 위험까지 겪을 수 있다. 기온에 대한 인지와 체감이 낮은 치매 노인의 경우 매우 위험하고, 특히 야외에서 일하는 노동자가 가장 위태롭다. 2023년 근로복지공단의 산업재해경위서에는 최근 5년간 온열질환으로 산업 재해를 인정받은 노동자가 117명이라고 보고되었으나, 노동단체들은 이보다 훨씬 많을 것이라고 주장하고 있다. 산업별로는 건설업, 제조업, 배달업 등에서 온열질환이 많은 것으로 보고되었다. 준공일자에 쫓기며 무리하게 일하는 건설 관련 노동자들이 폭염 사망자들의 다수를 차지하고 있는 것이다. 이 노동자들의 주검을 맞이했던 응급실 의료진은 이들에게 필요했던 것은 대단한 의료시술이 아니라 물, 그늘, 휴식이었다고 말한다. 생명보다 돈을 중시하는 문화가 또 다른 폭염 살인의 협력자였다.

폭염이 위험한 재해인 또 다른 이유는 폭염 속에서 성숙한 정신 상태를 유지할 수 없다는 점이다. 폭염, 높은 습도, 높은 불쾌지수의 상태에서는 살인과 폭력 같은 범죄 행위도 증가한다. 교통사고도 더 빈발한다. 충동조절이 어려워지고, 공격적으로 변한다. 그래서 대형 사고가 나기 쉽다. 폭염으로 인해 열대야를 겪고 수면이 부족하면 더욱 그럴 수 있다.

최고 체감온도가 33도 이상인 상태가 2일 이상 지속되는 폭염주의보는 일종의 대피령이어야 하며 건물 밖에서의 일은 중단되어야 한다. 폭염 재해에서 시민사회가 안정을 이루려면 물, 그늘, 휴식을 아낌없이 제공해야 한다. 온도 지능을 높이도록 돕고, 온도 격차를 줄이는 사회가 되어야 한다. 우리 사회는 과연 그럴 채비가 되어 있는지 묻고 싶다.

* 김현수, 「경향신문」, 2024.07.02. (방문일: 2024.09.30.)

주장의 글에서는 논거의 객관성을 확보하기 위해 통계 자료와 같은 사실 논거를 제시하는 것이 좋다. 최근 기후 변화의 영향으로 폭염은 '재해'로 규정될 만큼 그 피해가 심각해졌다. 〈예문 1〉에서 보듯이, 폭염 재해의 심각성을 막연하게 말하는 것보다 조사 자료를 인용해 구체적으로 보여주는 것이 훨씬 효과적이다. 그리고 수치화된 사실논거를 제시할 때는 반드시 그 자료의 출처를 밝혀야 한다. 즉 조사의 주체, 조사 시기, 조사 방법 등에 대한 정보가 제시되어야지만 자료에 대한 신뢰를 줄 수 있다.

예문 2   **역사적 사실 1**

국민문화의 형성

유럽에서는 왕후 귀족이나 일부 지식층이 즐겼던 음악, 회화, 연극, 문예 등의 예술을 그 나라의 국민문화로서 공유하고, 긍지를 가지게 된 것이 근대라는 시대이다. 작품 그 자체는 이전부터 있었던 것이기 때문에 '발명'이라기보다는 '국민 모두가 공유하는 문화', '국민문화'의 전통이라는 새로운 의미가 주어졌다고 하는 편이 옳을 것이다. 여기에도 여러 경우가 있다.

예를 들면, 19세기에는 '에다'(아이슬란드 고문서. 북유럽 게르만 민족의 신화, 영웅전설을 집대성한 것. 12세기경 정리됨)와 '사가'(아이슬란드나 노르웨이의 왕과 민중에 관련된 신화, 전설 등의 산문문학. 12~13세기경에 쓰여 대부분 작자미상) 등 아이슬란드에 남아 있던 북게르만 민족과 바이킹 등의 북유럽 신화가 회화나 음악에서 왕성하게 살아나게 되었다.

이것도 내셔널리즘이 불러일으킨 움직임이다. 영국에서는 한때 인기가 시들해지고 있던 셰익스피어 극이 18세기 후기부터 19세기 전기의 독일에서 인간성을 심오하게 그려낸 것으로서 존경받게 되자 영국인이 재인식하게 되었다는 경위가 있다. 이리하여 셰익스피어의 극은 근대적 예술관에 의해 새로운 가치를 부여받아 영국 국민 모두의 것이 되었고, 또 세계 어디서나 즐기게 되었다.

또한 농민들 사이에서 전승되어온 민화나 민요가 국민의 민예로 재인식되면서 수집과 편집이 이루어졌다. 이때 근대적 가치관에 의한 선택이나 스토리의 변경 등이 이루어진 경우가 많았다. 독일의 그림(Grimm)형제 동화 등에서 이러한 경우가 지적된다.

이러한 예는 일일이 들 수 없을 만큼 많다. 그리고 이러한 것들이 그 나라의 문화, 예술의 역사로서 구성되어 교육과 인쇄물을 통해 국민들에게 공유된다. 각기 그 나라의 문학사와 예술사 등은 모두 근대가 되면서 새롭게 편성된 것으로 넓은 의미에서의 '전통의 발명'이라고 해도 좋다. 그것을 촉진시킨 힘이 내셔널리즘이고, 거꾸로 내셔널리즘은 '발명된 전통'에 의해 지탱된다.

* 스즈키 사다미, 『일본의 문화내셔널리즘』, 정재정·김병진 옮김, 소화, 2008.

오펜하이머와 정부의 연구개발 지원

원자폭탄을 만든 과학자를 다룬 영화 〈오펜하이머〉가 인기다. 영화뿐만 아니라 실제 인물과 당시 시대 상황에 대한 다양한 해석이 온라인 커뮤니티를 뜨겁게 달구고 있다. 전쟁과 격변의 시대, 오펜하이머로 상징되는 서방의 천재 과학자들은 과학과 정치, 창조와 파괴, 이상과 현실의 모순적 경계에서 선택의 순간마다 자신의 정체성을 지키기 위해 고뇌한다.

이러한 과학기술의 양면성은 실제 역사를 통해서도 확인할 수 있다. 1941년 미국의 루즈벨트 대통령은 2차 세계대전 수행에 필요한 연구개발을 위해 '과학연구개발실(OSRD)'을 설립, 영화에서도 잠깐 등장하는 인물인 MIT 교수 바네바 부시(Vannevar Bush)를 책임자로 임명했다. OSRD가 수행했던 2,500여 개의 연구개발 과제 가운데 원자폭탄을 만든 맨해튼 프로젝트가 있었다.

전쟁을 통해 과학기술의 '힘'을 실감한 루즈벨트 대통령은 평화 시기에 과학기술 연구에 대한 정부의 역할에 대해 부시에게 자문을 요청했다. 1년 뒤인 1945년 부시는 '과학, 끝없는 개척(Science, The Endless Frontier)'이라는 공개서한 형태의 보고서를 통해 국가방위, 경제발전, 국민보건의 초석이 되는 기초연구의 중요성을 역설했다.

대학과 국립연구소에 대한 연방정부의 지원을 주장해 미국국립과학재단(NSF) 창립 등으로 국가 과학기술 지원 체계가 갖춰지게 되었다. 오펜하이머가 책임자였던 핵무기 개발 프로젝트의 성공은 미국이 세계 최고의 과학기술 위상과 정치경제적 패권을 갖는데 주요한 계기가 된 것이다.

최근 정부는 내년도 예산안을 발표했다. 기재부 자료에 따르면, 건전재정 기조로 전체 예산은 2.8%(18.1조 원)가 증가한 656.9조 원으로 책정되었는데, 12개 주요 부문 중 3개 부문은 예산이 줄었다. 가장 많이 줄어든 곳은 연구개발(R&D)로 재정 정상화 부문으로 분류되어 전년대비 16.6%(5.2조 원)가 삭감된 25.9조 원이 책정되었다.

전체 예산에서 R&D가 차지하는 비중은 1년만에 4.9%에서 3.9%로 떨어졌다. 전체적인 재정 여건과 지난 정부 5년 간 R&D 예산이 급속히 늘어나면서 발생한 비효율이 배경인 것으로 보인다.

이를 두고 대학, 정부출연연구소 등의 연구계에서는 우려의 목소리가 높아지고 있다. 국가 미래를 준비하고 성과를 위해서는 지속적인 연구가 필요한 R&D의 특성을 감안했을 때, 현장의 우려를 최소화하고 예산 효율화의 목표를 이루기 위해서는 세심한 배려와 소통이 필요해 보인다.(이하 생략)

* 송병찬, 「교수신문」, 2023.09.01. (방문일: 2024.12.10.)

연/습/문/제

1 전 세계적으로 기후문제는 인류 생존의 심각한 화두로 부상하고 있다. 〈예문 1〉에서 폭염을 '재해'로 규정할 수 있는 사실 논거를 제시해보자.

2 〈예문 2〉와 〈예문 3〉은 주장을 뒷받침하기 위해 역사적 사실을 논거로 제시하고 있다. 각각의 예문에서 주장과 논거의 핵심 내용을 찾아 정리해보자.

2) 소견 논거

소견논거는 주장의 타당성을 입증하기 위해 인용된 것으로 권위를 지닌 전문가의 의견, 쟁점과 관련된 사람들의 증언, 일반적인 여론 등을 말한다. 더 많은 지식과 지혜를 가진 전문가들의 견해를 근거로 삼아 자신의 주장을 뒷받침할 수 있다. 또한 일반 대중의 다수 여론이 자신의 주장과 일치할 때 그것도 주장의 타당성을 높여주는 논거가 된다. 그 외에도 어떤 상황을 직접 경험하거나 목격한 사람들의 인터뷰나 증언도 소견 논거로 활용할 수 있다. 바람직한 논증이 되기 위해서는 반대 측의 주장 및 소견 논거를 무시하거나 배제하는 것이 아니라, 신중하게 청취하면서도 논리적으로 대응해야 한다.

예문 1 권위 있는 전문가의 의견

'감정노동'은 이제 생활 용어로 정착되었다. 자신의 감정을 스스로 통제하고 일정한 표정과 말투와 몸짓을 계속 지어냄으로써 고객에게 유쾌한 감정을 선사해야 하는 노동을 가리킨다. 즉 자기의 속마음과 관계없이 일정한 감정을 연출하는 것이 업무의 중요한 일부인 것이다. 대부분의 감정노동자들은 고객의 환심을 사기 위해 밝은 얼굴을 보여주어야 하지만, 정반대의 경우도 있다. 채권추심원은 험한 인상을 지으면서 위협적인 분위기를 조성해야 하고, 장의사는 유족의 아픔에 공감하며 슬퍼하는 표정을 지어야 한다. (중략)

'감정노동'은 사회학자 앨리 러셀 혹실드가 처음 내놓은 개념으로, 이를 다룬 책의 제목 "*The Managed Heart*"에 핵심이 담겨 있다. 우리말로 옮기면 '관리되는 마음'인데, 얼핏 들으면 마음공부 같은 종교적인 수행이 연상된다. 그러나 감정노동은 그 본질이 전혀 다르다. 타인을 위해 마음을 길들이는 것이기 때문이다. 아무리 지쳤어도 티를 내면 안 된다. 피로감이나 짜증을 감추고 친절을 베풀어야 한다. 바로 그러한 괴리가 노동자를 소진시킨다. 혹실드는 이를 가리켜 '감정 부조화'라고 하는데, 감정과 표현을 억지로 분리하는 것을 말한다. 이런 상태를 오래 유지하기는 무척 어렵고, 그로 인해 긴장과 스트레스가 발생한다. 무엇보다 치명적인 것은 노동자가 자신의 감정에서 소외된다는 점이다.[1] (중략)

결국 소비자의 태도가 문제다. 다른 사람의 마음을 헤아리고 배려하는 양식이 요구된다. 예절과 공손함은 상호 존중을 전제로 한다. 서로에 대한 경의가 오가면서 인격은 고양된다. 그렇지 않고 그 흐름이 일방적일 때, 권력과 화폐를 매개로 갑과 을의 비대칭적인 관계가 형성될 때, 미덕은 악덕으로 돌변한다. 서비스는 봉사와 섬김이 아니라 하인의 굴종으로 전락한다.

---

1) 엘리 러셀 혹실드, 『감정노동』, 이가람 옮김, 이매진, 2009, 121-22쪽.

* 김찬호, 『모멸감』, 문학과지성사, 2014.

위의 글은 사회학자 김찬호가 한국인의 일상을 지배하는 감정의 응어리를 '모멸감'이라는 단어로 함축한 글의 일부분으로, 최근 심각한 사회문제로 등장한 '감정노동'을 다루고 있다. 김찬호는 '감정노동'이 흔히 말하는 '갑을관계' 즉 권력관계에서 강요되는 '과잉된' 감정이라는 점을 밝히고 있다. 글쓴이는 자신의 주장을 뒷받침하기 위해 〈예문 1〉의 밑줄 친 부분에서 보듯이 '감정노동'의 성격을 규명한 미국의 사회학자 혹실드의 견해를 인용해 논거로 활용한다. 혹실드는 『감정노동』이라는 저서를 출간한 이 분야의 전문가로, '감정노동'이라는 개념을 만들어내고 그것의 문제점을 분석한 인물이다. 김찬호는 '감정노동'에 대한 권위 있는 전문가의 논의를 인용해 소견 논거로 제시함으로써, '감정노동'이 노동자의 심리에 미치는 부정적 영향을 밝히고 있다.

예문 2　체험, 목격한 관련자의 증언

　　위상학적으로 말하자면, 골목은 '집'과 '세계', '우리'와 '남'을 매개하는 중간적(in-between) 공간이다. 집이 거주의 공간이라면 세계는 이동과 변화의 공간이며, 골목은 거주에서 이동으로 혹은 이동에서 다시 거주로 변화하는 존재론적 변환을 완충시키는 일종의 '공간적 범퍼'의 기능을 했다. 이와 동시에 집이 혈연적 근친관계로 구성된 혈육의 공간이고, 세계가 이와는 반대로 면식이 없는 타자의 공간이라면, 골목은 사귐을 통하여 타자가 혈육으로 동화되는 '이웃'의 공간이다. 이는 광장이 부재한 한국 사회에서 골목이 매우 독특한 '사회적 교류의 장'으로 기능했음을 의미하는 것이며, 바로 이런 의미에서 골목 문화는 한국적 공공성의 물질적 기초를 제공한 골목을 통해 형성되는 공동체적인 문화로 파악된다.

　　1960~1970년대 서울 성북구 삼선동의 골목길을 이러한 원형적 공공성의 장소로 기억하고 있는 황익주에 의하면, 골목길은 무엇보다도 꼬마 아이들의 놀이공간이었다. "술래잡기, 집잡기, 말타기, 다방구, 나따라하기, 오징어놀이, 자치기, 비석치기, 제기차기, 땅따먹기, 사방치기, 오재미, 고무줄놀이나 말랑한 고무공을 사용하는 변형된 야구인 짬뽕" 등이 주된 놀이였다. 한편 남자 중고생들은 골목길에서 운동을 하거나 장기, 바둑을 두기도 했고, 성인 남성이나 성인 여성도 마찬가지로 골목길을 중요한 교류공간으로 활용했다. 마치 시골의 우물터나 빨래터 혹은 정자나무 아래에서처럼, 이들은 골목길에서 만나고, 이야기하고, 다투고, 화해했다. 회상 속에서 골목길은 도시 속에 옮겨다 놓은 고향과 같은 모습을 하고 있다.

　　특히 무더위로 인해 좁은 집안에 들어 앉아 있기가 고통스런 여름날 밤 같은 경우에는, 넓은 골목길 여기저기에 나와 돗자리를 펼쳐 놓고 삼삼오오 모여 앉아 음식을 곁들여 이야기를 나누거나 통금시각이 되기 전까지라도 시원한 데

<u>서 잠을 청하는 어른들, 그리고 골목길 전체를 누비며 뛰어노는 아이들로 골목
길은 밤늦은 시각까지 사람들의 발길이 넘쳐나는 공간이 되곤 했다.</u>[1]

이러한 골목길 공동체 문화는 특히 물리적 조건으로 인해서 서로 긴밀한 부조(扶助)의
관계를 맺을 수밖에 없는 달동네의 경우에 두드러지는데, 최재필은 달동네가 형성되는
과정을 "내가 내 집을 지으려고 간선도로에서 들어가는 골목길과 계단을 만들지만, 내
뒤에 이사 오는 사람들은 이것들을 딛고 올라간 곳에서부터 제 나름의 계단 골목길을 연
장시킨다"라고 기술하면서 달동네 '골목길트기' 방식을 '함께 사는 사회'로 확장시킨다.

---

1) 황익주, 「골목길과 광장 및 공원: 도시에서의 '우리 동네' 형성에 관한 인류학적 에세이」, 『건축』
　제49권 제1호, 대한건축학회, 2005, 70~71쪽.

＊ 김홍중, 「골목길 풍경과 노스탤지어」, 『경제와 사회』77, 비판사회학회, 2008.

위의 예문은 골목길이 최근 문화의 영역에서 의미 있는 풍경으로 미학화되는 과정을 추
적한 글이다. 과거에는 흔했던 골목길은 아파트 중심의 주거문화가 확대되면서 현저하게
사라져버렸다. 골목길은 소위 개발주의적 근대화 과정에서 매우 폭력적으로 소멸했는데,
시간이 흐른 뒤에 그 골목길은 상실된 것이라고 여겨지는 모든 정서적 가치를 집결하는
노스탤지어의 공간이 되었다. 위의 글은 골목길이 하나의 문화적 기호로 소비하는 한국
사회 구성원의 정신풍경을 탐색하려는 목적에서, 밑줄 친 인용문을 통해 그러한 골목길에
대한 체험을 지닌 사람의 증언을 소견 논거로 활용한다. 재판에서 사건을 목격한 사람의
증언이 중요한 증거로 채택되는 것처럼 개인의 직접 체험이나 목격담도 논리적 근거로 사
용될 수 있다.

3) 논거 찾기에서 고려할 점

논거는 주장에 타당성을 마련해주는 중요한 요소이다. 따라서 논거가 얼마나 신뢰할 만
한 것인지에 따라 상대방을 설득할 수 있는 힘이 생긴다. 주장을 뒷받침하는 정당한 논거
가 되기 위해서는 다음의 요건을 엄격하게 따져보아야 한다.

- 전문가 혹은 전문가 집단의 자료인가?
- 조사보고서는 관할(담당) 기관의 것인가?
- 자료의 출처가 특정 이익 집단과 직·간접적으로 관계가 있는가?
- 반대 입장의 논거 자료도 조사하였는가?
- 대안의 될 만한 자료도 조사하였는가?

(2) 논증의 구조

자신의 주장을 논증하는 과정은 글쓴이의 의도에 따라 다양하게 구성할 수 있다. 주장하는 글에서 흔히 사용하는 논증의 대표적 구조는 다음의 두 가지로 요약할 수 있다. 하나는 문제가 되는 사회 현상을 다루면서 그 원인을 분석하고 해결 방안을 제시하는 방식이다. 다른 하나는 찬성과 반대가 뚜렷한 쟁점을 다루면서 하나의 입장을 선택하여 주장하는 방식이다. 주장과 근거를 어떤 순서로 배치하고 구성할 것인지 구체적인 사례를 통해 확인해 보자.

1) 문제 제기와 해결 방안 모색

문제 제기(현상 제시) – 원인 분석 – 해결 방안 제시(주장)

예문 1　문제 제기와 해결 방안 모색 1

우리 안의 히키코모리

2007년 『88만원 세대』를 준비하면서 꼭 다루고 싶었는데, 못한 얘기가 은둔형 외톨이, 히키코모리 문제였다. 그 숫자가 얼마나 되는지 알아보다 결국 포기했다. 지금도 한국에 은둔형 외톨이가 몇 명 있는지 정확히는 모른다. 일본은 이 문제를 풀려고 많이 고민했지만, 아직도 제대로 풀었다고 보기는 어렵다. 이제 일본에서는 청년 히키코모리도 나이를 먹어서 '8050'이라고 부르는 형태가 되었다. 80대 부모가 50대 자식을 돌보는 현상을 얘기한다. 일본 정부 발표로는 히키코모리가 약 146만 명이다. 40세 이전에는 남성이 더 많다가, 40대 이후로는 여성이 약간 더 많다. 성별 차이가 크지는 않다.

서울이나 인천에서 은둔형 외톨이 현황 조사를 하는데, 법적인 근거가 약해 정확한 통계라고 보기는 어렵다. 4년마다 하는 인구 총조사에 통합해서 하면 좀 더 간편하게 할 수 있는데, 아직 그렇게까지 논의가 가지는 않았다. 광주시나 은평구 등 지자체에서 통합지원센터 등 뭔가 도움을 줄 수 있는 방법을 찾다가 조례를 만들기는 하는데, 역시 법적 근거가 약해 장기적이고 안정적인 예산 확보가 쉽지 않다. 은둔형 외톨이가 되는 데에는 사회 구조의 문제와 문화적 문제 그리고 개인사들이 복합적으로 작용하게 된다. 취업에 연거푸 실패하다가 결국에는 은둔형 외톨이가 되는 사례를 많이 보았다. 그렇다고 부모가 나서서 취업을 시켜줄 수 있는 것도 아니라서, 개인이 혼자 짊어지기에는 너무 무거운 문제다.

우리가 어려운 청년들의 문제에 잠시라도 눈을 돌리는 것은 그들이 고독사하는 경우 정도가 아닐까? 대략 청년 인구의 1∼2% 정도를 은둔형 외톨이로 보는데, 생각보다 많다. 다른 많은 사회적 문제들은 빈곤과 연관이 있는데, 히키코모리 현상은 꼭 그렇지도 않다. 슈퍼 리치 집안에도 이런 사례가 있는지는 잘 모르겠지만, 중산층 가정에서는 종종 발생한다. 집이 여러 채인데, 그중 한 채에 자식이 살면서 부모도 못 들어오게 하는 사례도 보았다. 또 다른 사례는 나름 넉넉한 집안인데, 부자 동네에 있는 교회에 다니다 자신이 가난하다고 생각하면서 사회생활을 단절한 경우다. 박사 중에서 은둔형 외톨이를 보지는 못했는데, 대학원 졸업한 석사 중에서는 몇 명 보았다. 마음의 상처와 취업 실패가 겹치면 나름 고학력이라도 사회에 적응하기 어렵다.

한국과 일본의 공통점은 '경제 동물'이라고 불릴 정도로 경제적 요소가 중요하고, 사회 안전망이 약하고, 약자에 대해 유독 잔인하다는 점일 것이다. 누구나 성공하고 누구나 번듯할 수는 없다. 어려운 취약 청년에 은둔형 외톨이만 존재하는 것은 아니다. 고령화와 함께 아픈 부모를 돌봐야 하는 청년, 대략 10만명으로 추산된다. 일본 정부는 청년 대책으로 노인을 돌보게 돼 퇴사하는 인원을 '제로'로 만들겠다며 사회 돌봄 정책을 강하게 추진 중이다. 우린 아직 별 대책이 없다. 고령화 속도가 높아지면서 아픈 부모를 돌봐야 하는 청년들 숫자도 급증할 것이다.

평균 지능과 지적장애인 중간 정도인 경계성 지능 청년도 역시 우리가 돌봐야 하는 취약 청년이다. 이 숫자도 90만명 정도로 추산된다고 한다. 역시 복지 제도의 맹점에 놓인 사람들이다. 많은 청년들이 연거푸 취업에 실패하며 경제인구에서 빠지면서 "그냥 논다"는 상황으로 들어간다. 거기서 몇 발만 더 가면 은둔형 외톨이가 된다. 남의 문제가 아니다. 취업 활동을 중단하면 실업통계에서도 빠진다. 화려한 경제 통계 뒤에 이렇게 아프고 힘든 청년들이 숨겨져 있다.

매우 늦었지만 최근 국회에 취약청년지원법이 발의되었다. 각 지자체들이 조례에 의해 관련된 사업을 추진하다 보니까, 예산 확보가 쉽지 않았다. 일부 지자체가 먼저 시도하는 시범사업 수준이라고 보면 현실과 크게 다르지 않다. 아직 모든 지자체에서 시행하고 있는 것이 아니라서 사는 동네에 따른 편차가 크다. 또한 보건복지부와 고용노동부, 지자체 등 관련된 부처가 나뉘어 있어 통합 관리가 중요하다. 법안은 국무조정실이 총괄 조정을 하도록 규정하고 있다. 총리가 많은 어려운 청년들을 돌보는 부모 역할을 해주면 좋겠다는 생각이다.

법이 모든 문제를 풀어주지는 못한다. 그래도 법이라도 있어야 통계 체계가 정비되고, 현황을 알아야 새로운 정책들을 개발할 가능성이 높아진다. 지금 국회 상황을 보면 나도 모르게 한숨이 나온다. 야당은 법을 통과시키고 대통령은 거부권 행사, 이 '무한 도돌이' 가 진행 중이다. 은둔형 외톨이를 비롯해 취약 청년의 문제는 진보·보수와는 크게 관련 없다. 최근 전세사기특별법과 일·가정 양립 지원법 등이 여야 합의로 국회를 통과하게 되었다. 취약청년지원법도 부디 무사히 국회를 통과할 수 있으면 좋겠다. 우리 안의 히키코모리, 그들이 문을 열고 세상에 나올 수 있도록 돕는 데 여야가 다른 입장일 게 뭐가 있겠는가.

* 우석훈, 『경향신문』, 2024.08.25. (방문일: 2024.09.10.)

예문 2 **문제 제기와 해결 방안 모색 2**

변화해야 할 것은 '전통'이 아닌 '구조'

스무 살이 되기 이전의 나는 인간관계에서 능동적인 주체로서 선택권을 가져 본 경험이 없었다. 내 의지와는 상관없이 부모님과의 혈연관계가 맺어졌고, 초등학교 입학 이후에는 수많은 선생님과의 사제관계가 형성되었다. 중학교에 들어가서는 '선·후배'라는 다소 생소한 관계도 경험했다. 이처럼 다양하게 맺어진 관계들 속에서 나는 누군가보다 높거나 낮은 위치에 있었고, 높은 위치의 사람에게는 다소의 존경과 복종을 표하고, 낮은 위치의 사람에게는 위엄있는 존재로 각인되어야 한다는 것을 희미하게나마 터득해 가고 있었다. 하지만 이와 같은 '체득'이 그저 유쾌하게 다가온 것만은 아니다. 합당한 논리나 이유 없이 강제로 맺게 된 '관계' 하나만으로 폭력적인 상황들에 노출되었던 경험들은 관계에서 수동적일 수밖에 없는 청소년인 나의 신분을 원망하게 하였다. 그렇게 스무 살이 되기만을 바랐지만, 내가 경험한 스무 살의 캠퍼스는 중·고교 생활의 연장선상이었다.

대학생활의 시작을 알리던 '새내기 배움터'에서 내가 배운 것이라곤 선배를 대하는 후배의 마땅한 태도였다. 소속감을 강화한다는 뜻에서 학과 구호와 본인의 이름을 고성방가에 가까운 크기로 제창하게 하는 'FM'이후에 남은 것은 선배들의 박장대소와 새내기들의 수치심뿐이었다. 스무 살이 되면 모두 학창시절 경험한 관계의 폭력성을 혐오하고 동등한 관계 맺기를 지향할 줄 알았지만, 그들의 DNA에는 관계의 폭력성이 '자랑스러운 전통'이라는 이름으로 흐르고 있었다.

대학 내 성폭력으로 이야기를 돌리면 상황은 더욱 심각해진다. 대학 내 남자 구성원들의 여학우 '얼굴 평가' 놀이는 어제오늘의 일이 아니다. 술자리에서는 신체적 접촉을 전제로 한 술 게임 문화가 만연해 있고, 이러한 문화에 녹아들지 못하면 사회성이 모자란 자로 낙인찍힌다. 우리 사회에는 아직도 남성 중심적이고 가부장적인 요소가 많이 남아 있다. 이러한 구조 속에 있는 남성에게 여성은 대상화되고 도구화되기 쉽다. 많은 대중가요 속에서 여성은 '내 것'으로 표현되고, 남성의 소유물처럼 되어버린 여성은 언제든 평가될 수 있는 존재로 전락한다. 또한, 일생에 거쳐 부여된 남성성과 여성성의 규범은 우리가 '~다운' 행동을 하도록 부추긴다. 이러한 규범에서 남성은 능동적인 존재, 여성은 수동적인 존재여야하며 이를 충실히 수행하지 않을 시 '소수자'라는 이름으로 소외된다.

나는 대학사회에서 만연화된 폭력들이 전혀 새로울 것이 없다고 생각한다. 이는 우리 사회의 구조 속에 깊게 침투된 폭력성이 좀 더 적나라하게 드러난 사건들일 뿐이다. 우리가 바꿔야 할 것은 일부 대학들의 몰상식한 '전통'이 아니라, 그 폭력성들이 체현될 수밖에 없도록 만든 '사회적 구조'이다. 이러한 구조를 바꿔나가기 위해 선행되어야 할 점은 구조의 폭력성에 대한 문제의식을 구성원들과 공유해 나가는 것이다. 이를 위해 신입생들에게 배정된 필수 교양 수업들이 상당 부분 수정되어야 한다. 우리가 당연하게 여겨온 성별 간의 규범이 실은 당연하지 않다는 것을 알려 줄 교양 수업들이 더욱 많이 증설되어야 한다. 다음으로 새내기 행사의 전면적인 개편이 필요하다. 스무 살이 된 신입생들에게 인간관계에서 능동적인 주체로서 서는 법을 알려주어야 한다. 이를 위해 선·후배 사이에서 서로 합의가 되지 않았을 때, 상호 존칭을 사용하자는 캠페인을 펼치는 것도 하나의 방법이다. 또한, 학내 폭력을 다루는 실질적인 자치 기구를 조직화하여, 개개인 간의 관계에서뿐만이 아닌 학생회로부터 자행되는 각종 폭력도 견제되도록 만들어야 한다.

*학생 글

1 〈예문 1〉은 '은둔형 외톨이' 현상의 원인과 그 양상을 분석하고 있다. 한국사회에서 '은둔형 외톨이'가 증가하는 가장 핵심적인 원인이 무엇인지를 찾아보고 글쓴이가 제시하는 해결 방안도 정리해보자.

----

2 〈예문 2〉는 대학에서 일어나는 폭력문제를 제기한 글이다. 대학 내 폭력문제를 해결하기 위해 이 글에서 제시하는 해결 방안을 정리해보자.

----

2) 찬반 쟁점에 대한 주장

주장 – 반대 의견 제시 및 비판 – 주장 확인

예문 1 찬반 쟁점–찬성

주 4일제를 시행해야 하는 이유

코로나19 팬데믹 이후 재택근무, 탄력적 근무시간제 등 유연근무가 활발해지면서 '주 4일제'에 대한 관심도 높아지고 있다. 지난해 잡코리아와 알바몬이 직장인 약 1,000명을 대상으로 실시한 설문조사에 따르면, 직장인 88.3%가 주 4일제에 찬성한다고 응답했다. 지난달 미국 캘리포니아 주에서는 500명 이상 규모 사업장을 대상으로 임금 삭감 없이 기존의 주 5일(40시간)에서 주 4일(32시간)로 노동시간을 줄이는 법안이 발의되기도 했다. 법안을 발의한 크리스티나 가르시아 의원은 "더 많은 노동시간과 더 나은 생산성 사이엔 아무 연결고리가 없다"고 말했다.

주 4일제 관련 사례와 연구를 집약한 책『주 4일 노동이 답이다』에서는 이렇게 말한다. "주 5일제하면 나라가 망한다고 생각했던 시절이 있었다." 미국 포드자동차가 주 5일 40시간 노동을 도입했던 1926년, 미국종합철강회사의 이사회 의장이었던 앨버트 H. 개리 판사는 성경에서도 6일을 일하고, 7일째에 쉬라고 했다며 주 5일 노동은 비현실적·비논리적이라고 비난했다. 하지만 주 5일제가 당연해진 지금은 주 6일제가 오히려 비현실적으로 보인다.

책에서는 우리에게 '장시간 중노동'에 대한 일종의 집단적 중독 현상이 존재한다고 주장한다. 성과는 노동시간에 비례하지 않는다는 것이다. 실제로, 우리나라는 1인당 연간 노동시간이 OECD 국가 중 최상위권인 반면 근로자의 노동생산성은 하위권에 머물고 있다. 책에 따르면, 그리스나 멕시코처럼 가난한 나라들은 연간 노동시간은 많은데 생산성이 낮은 반면, 북유럽과 스칸디나비아 국가들은 연간 노동시간은 적은데 생산성은 높다. 그 비결이 뭘까? 비결은 어쩌면 적은 노동시간 그 자체일지도 모른다.

책은 임금 삭감 없는 근무시간 단축이 노사 모두에 긍정적인 효과를 불러온 다양한 사례를 소개하고 있다. 한 예로, 스웨덴 예테보리에 있는 자동차 정비센터인 도요타센터는 2003년부터 주 4일제와 똑같은 30시간 근무를 도입했다. 대기 시간이 길어 고객 불만이 잦고, 정비사들의 실수도 많았던 도요타센터는 작업 6시간이 지나면 효율성이 떨어진다는 점에 착안, 하루 8시간이었던 정비사들의 근무시간을 오전/오후 각 6시간씩 2교대 형태로 바꿨다. 책에 따르면, 정비사들은 일주일에 10시간 더 적게 일하면서 오히려 생산성이 114% 증가했고 수익은 25% 증가했다. 만족도가 올라가 이직률이 낮아졌으며,

채용도 더 쉬워졌다.

주 4일제를 바로 적용하기가 부담된다면, 압축근무로 시작해 볼 수도 있다. 근무 시간은 유지하되, 4일간 압축적으로 근무하고 하루를 더 쉬는 것이다. 책에 따르면, 2008년부터 2011년까지 미국 유타 주에서는 노동자 25,000명 중 18,000명이 압축근무를 통해 주 4일제를 실행했다. 약 900개의 공공기관이 월요일부터 목요일까지 연장근무를 하는 대신 금요일에는 문을 닫았다. 참가자들은 출퇴근 비용을 절약하고, 금요일마다 지역 봉사활동을 할 수 있다는 사실에 기뻐했다. 근무시간을 그대로 유지하면서 일수만 줄이는 압축근무 제도가 평일의 피로를 가중시킨다는 반대 의견도 있지만, 유타 주에서는 82%의 노동자가 이 제도가 계속되기를 원했다.

일본에서는 매년 1만명의 노동자가 과로로 인해 사망하고 있다. 과도한 노동시간은 질병뿐 아니라 오류와 사고의 위험을 높인다. 책에서는 주 4일제가 노동자들의 극심한 스트레스를 줄여 주기 때문에, 일부 업종에서는 생산량을 노동시간 단축 이전보다 늘려 줄 수도 있다고 말한다. 또한, 주 4일제는 노동자들이 건강을 유지해 결근을 덜 하고, 더욱 일에 집중해 결과적으로 회사에 헌신할 수 있게 한다. 이뿐만 아니다. 노동시간 단축은 정부의 지원이 뒷받침된다는 전제하에, 취업난 해소에도 도움을 줄 수 있다. 책은 "모든 사람이 지금의 정규직 평균보다 훨씬 짧게 일하면서도 제대로 된 생계를 유지할 수 있어야 한다"며, "이제는 무엇이 '정상'인가에 대한 개념을 바꾸고 파트타임을 새로운 풀타임으로 만들 때"라고 말하고 있다. 국내에서도 주 4일제를 실험하는 기업들이 점차 늘어나는 추세다.

물론, 책에서도 말하고 있듯이 업종에 따라 "변화의 속도와 성격은 서로 다를 것이다." 하지만 핵심은 우리가 당연하다고 생각했던 주 40시간 노동의 정당성을 의심해 보자는 데 있다. 현재 우리는 표준이라 여겨졌던 것들을 다시 생각하게 만드는 '뉴노멀' 시대를 맞이했다. 주 4일제는 아직 급진적으로 느껴지는 제도지만, 무조건 이를 비판하기에 앞서 매주 '월요병'을 겪는 우리는 과연 40시간 중 몇 시간을 제대로 일하고 있었는지부터 돌아봐야 하지 않을까.

* 김혜경, 『독서신문』, 2022.05.23. (방문일: 2024.10.15.)

예문 2 찬반 쟁점-반대

주 4일제가 노동시장 양극화를 부추길 가능성

최근 수십 년 동안 전 세계적으로 확산한 '불안정 근로'(precarious work)의 피해는 노동시장 하층 노동자들에게 집중돼 왔다. 하층 노동자들은 노동조합의 보호를 받지 못할 가능성이 크기에, 기업과 사용자에 대한 이들의 교섭력은 사실상 무력화돼 있다고 해도 과언이 아니다. 정부 정책에 대해서는 더더욱 그러하다.

불안정 근로에서 임금 불안정성만이 아니라 근로시간 불안정성(work hour volatility)도 심각한 문제가 되고 있다. 노동계급 안에서 임금을 기반으로 하는 소득의 양극화만이 아니라 근로시간의 양극화까지 발생하고 있는 것이다.

노동시장 상층 노동자들의 근로시간은 안정된 임금과 소득을 보장할 가능성이 높은 데 반해, 하층 노동자들의 근로일과 근로시간은 그렇지 못하다. 부족한 임금을 보충하기 위해 하층 노동자들은 장시간 근로를 하거나, 하나의 고용관계에 만족하지 못하고 여러 가지 고용관계를 찾아 나서야 한다. 문제는 하층 노동자가 다양한 고용관계를 맺을수록 이들의 고용은 더욱 불안정한 상황에 처하면서 임금과 소득까지 불안정해진다는 것이다.

안정된 소득과 근로시간 덕분에 상층 노동자들은 주식이나 부동산에 투자할 자원과 시간을 확보할 가능성이 크다. 하지만 하층 노동자들은 자산소득은 언감생심이고 '괜찮은 삶'(decent life)을 위한 근로소득 확보도 힘겹다.

계급 내부의 양극화는 노동시장 전반을 규율하는 노동자 권력(powers)의 양과 질을 악화시키면서 이제 상층 노동자들의 기득권마저 위협하는 지경에 이르렀다. 날로 거세지는 '귀족노조' 프레임은 노동계급 내부에서 점점 악화하고 있는 양극화의 자연스러운 부산물이다.

이런 상황에서 미국 노동학자인 조 라브리올라(Joe LaBriola)와 대니얼 슈나이더(Daniel Schneider)가 쓴, 근로시간 불안정성의 측면에서 계급 양극화 문제를 다룬 논문이 눈길을 끈다. 2020년 3월 발표된 '연중 근로시간의 불안정성에서 나타나는 노동자 권력과 계급 양극화'라는 제목의 논문에서 저자들은 불안정 고용이 근로시간의 불안정성을 높이면서 노동시장 전반에서 노동자의 근무일정 통제력을 약화시켜 왔다고 지적한다. 그 결과 근로시간 기준이 전체 노동자에게 일관되게 적용되지 못하고, 노동시장 층위에 따라 다양하게 파편화된 상태로 적용되고 있다.

이런 문제의식 속에서 저자들은 근로시간 통계의 신뢰성에 의문을 제기한다. 근로시간이 다양한 형태로 쪼개지고, 고용관계가 단일하지 않고 여러 형태로 얽힌 상태에서 근로시간의 질을 정확하게 반영한 통계를 잡는 것은 불가능하며, 근로시간의 양조차 제대로 측정하기 어렵다는 문제의식이다.

노동시장 상층 노동자들은 학력 · 자격증 · 숙련 · 기술 · 생산성 · 교섭력 등이 반영된 임금을 결정하거나 교섭할 가능성이 높다. 반면에 하층 노동자들의 임금은 대개 근로시간이라는 단일 요인으로 결정된다. 상층 노동자들은 근무일정을 짜는 데 자기 의견을 반영할 가능성이 크지만, 하층 노동자들의 근무일정은 일방적으로 강제된다. 이렇듯 근로시간 불안정성의 수준과 층위가 다른 상황에서 양적인 시간 통계가 인간 삶의 일부로서 근로시간을 이해하는 데 얼마나 유효한가라는 질문을 라브리올라와 슈나이더는 던지고 있다.

지금 한국의 노동계 일각은 주 4일 근무제 법제화를 요구하고 있다. 취지의 정당성을 인정하더라도 신중하게 접근할 필요가 있다. 대기업과 공공부문의 임금인상 투쟁이 노동 계급 내부의 소득 양극화로 이어지는, 사회경제 구조의 개혁 없이 주 4일제를 추진한다 면 결과적으로 근로시간 불안정성에 노출된 하층 노동자들과의 격차를 키우면서 노동시 장 양극화를 가속화시킬 수 있기 때문이다.

법정근로시간을 명시한 근로기준법을 노동시장 하층 노동자들에게 전면 적용하는 전 술을 포기한 채 '일하는 시민의 권리 기본법'이라는 우경화 요구가 확산하는 현실에서 주 40시간제를 무력화시킨 주 5일제처럼, 주 4일제도 빛 좋은 개살구나 그림의 떡으로 전락할 수 있기 때문이다.

* 윤효원, 『매일노동뉴스』, 2024.04.11. (방문일: 2024.12.20.)

1 〈예문 1〉은 주 4일 근무제를 먼저 실시한 외국의 여러 사례를 소개하며 주 4일 근무제의 긍정적 측면을 강조하고 있다. 주 4일 근무제를 시행해야 한다는 주장의 근거를 찾아 제시해보자.

2 〈예문 2〉는 주 4일 근무제 도입을 반대하는 가장 핵심적인 이유로 '노동양극화'를 들고 있다. 주 4일 근무제가 왜 '노동시장 양극화'의 우려를 낳고 있는지 그 맥락을 설명해보자.

3 다음은 찬반의 주장이 맞서고 있는 논쟁의 주제들이다. 찬성과 반대의 주장을 정하고 자신의 주장을 뒷받침할 수 있는 논거를 찾아보자.

(1) 동물원 폐지

-----

(2) 자율전공 확대

-----

(3) 원격의료(비대면 진료) 허용

thinking and expression

Ⅲ

●

글쓰기의 과정

한 편의 글을 쓰는 과정에서 '주제문 작성 – 자료 검색과 활용 – 개요 작성 –
초고 쓰기 – 고쳐 쓰기'의 방식을 배우고 적용해보자. 올바른 인용 방법과 주석
작성법을 익히고, 표절의 문제와 글쓰기의 윤리에 대해서도 생각해보자.

1장. 글쓰기의 5단계

1. 주제문 작성

　주제란 글에서 필자가 말하고 싶은 중심 생각이다. 주제, 혹은 중심 생각이란 '글감(글의 제재)'과 이에 대한 '가치판단', 이 두 요소로 이뤄진다. 글감을 A, 가치판단을 B라는 기호로 약칭해보기로 하자. A와 B란 두 요소를 정하고, 이것을 결합하면 주제, 또는 중심생각이 된다. 아래 내용을 보며 중심 생각을 잡아가는 과정을 생각해 보자.

　첫째, 글을 쓰려는 사람은 먼저 '무엇'(글감. 제재)에 대해 쓸지를 찾아보아야 한다. '글감'은 가능하면 화제가 되거나 자신이 관심을 가진 주제를 선택하는 것이 좋다. 자신이 관심이 있거나 꼭 써야 할 주제가 아니면 흥미도 없어지고 잘 쓰기 어렵다. 다음 글감을 살펴보라.

　가령, '4차 산업', '챗GPT', '인공지능', '동물보호법', '저출생', '포스트코로나', '기후위기', '혐오 범죄', '청소년 범죄', '자살'과 같은 글감은 사회적 이슈가 되기 쉬운 화제이다. 이러한 글감은 어려운 주제일 수도 있지만, 관심 있는 분야라면 자료를 찾아보며 준비할 수도 있다. 이에 비해 '반려동물', '내 청춘의 꿈', '욕망대로 살기', '나의 자존감', '불공정한 경쟁', '좌절'과 같은 글감은 개인적 관심사에 속하기 쉬운 화제이다. 자신이 관심을 가진 글감이라면 좀 더 자신 있게 글을 쓸 수 있지 않을까. '태권도', '한류', '연극인에 대한 정부 지원' 등은 특정한 전공자들이 관심을 표현할 수 있는 글감이다. 어떤 글감을 정할지 생각해보자.

둘째, 주제는 구체적일수록 좋으므로 글감이 정해지면 구체적인 사안을 떠올리며 범위를 한정하는 것이 좋다. 가령, 글감을 '인공지능시대'로 골랐다면, 이 글감 중에서 좀 더 구체적인 범위나 문제를 고르는 게 좋다. 예를 들어, '인간–인공지능 협력', '인공지능시대와 평생교육', '인공지능과 직업 선택', '인공지능시대의 예술창작' 등은 '인공지능'이라는 대주제를 효율적으로 풀어갈 수 있는 구체적 이슈이다. '혐오 범죄'에 대해 글을 쓰고 싶다면, '노인 혐오범죄', '외국인 노동자 혐오와 언어폭력', '여성 혐오범죄'와 같은 구체화된 글감이 글쓰기를 시작하기에 도움이 된다.

셋째, 글감을 정했으면, 이에 대한 글쓴이의 가치판단이나 주장을 정해본다. '동물보호법'을 글감으로 정했다면, 자신은 이에 대해 찬성하는지, 반대하는지 방향을 정하고, 구체적으로 어떤 부분을 강조할 것인지 생각해본다.

다음으로 주제문의 용어와 형식에 대해 알아보자.

가주제: 큰 글감, 글쓰기의 대상이나 범위를 크게 잡은 것
(예) '인공지능시대', '동물보호법'

참주제: 가주제의 범위를 좁혀 구체화한 글감
(예) '인공지능시대의 평생교육', '반려동물 학대에 대한 처벌'

주제문: 참주제에 대해 가치판단(주장)을 더해 문장으로 만든 것
글쓰기의 글감을 'A'로 하고 이에 대한 글쓴이의 가치판단(주장)을 'B'라 한다면, 주제문은 "A는 B이다.", "A는 B해야 한다."와 같은 형식의 문장으로 쓴다.
(예) '인공지능시대에는 삶을 질을 높이고 경쟁력을 갖추기 위해 평생교육 시스템이 필요하다.', '반려동물을 학대한 사람에게는 징역형도 허용해야 한다.'

주제문은 처음에는 간단하게 가주제를 문장으로 풀어쓰는 정도로만 정해놓고, 자료를 찾아 읽고 생각을 정리하면서 좀 더 구체화하는 것이 좋다. 자신이 관심 있는 글감에 대해 자신의 문제의식이나 주장하는 내용을 구체화하여 주제문으로 만들어보자.

2. 자료 검색과 활용

자료 검색은 보고서를 작성할 때 빼놓을 수 없는 단계이다. 주제가 정해졌다면 이를 뒷받침해 줄 수 있는 자료를 수집하고 정리해 글쓴이의 관점에서 분석하고 활용해야 한다. 신뢰할 만한 자료, 참신한 아이디어를 주는 자료, 확실한 근거가 되는 자료는 보고서의 완성도와 신뢰도를 높이는 중요한 요소가 되므로 자료수집에 각별히 신경을 써야 한다. 다음의 방법을 고려해보자.

첫째, 내가 쓸 글에 필요한 자료가 무엇인지 생각해보자. 먼저, 내 책꽂이에 있는 책들을 넘겨보며 생각하는 것도 좋은 방법이다.

둘째, 인터넷 포털 사이트에서 신문기사나 백과사전을 검색해보자. 최근 이슈가 된 사건들을 찾아본다.

셋째, 도서관에 필요한 책이 있는지 찾아보자. 큰 범위에서 집필된 개설서는 주제에 관한 전체적인 내용을 살피는 데 도움이 된다. 전자책(e-book)은 대출하기도 간편하다.

넷째, 학술 사이트에서 논점에 관련된 연구논문을 찾아 읽어보자. 논문은 가장 구체적인 문제에 대해 분석하거나 전문적인 견해를 보여주는 자료이다. 이런 자료를 찾아 보고서에 활용하면 신뢰도가 높아지고, 담당교수나 다른 독자들의 관심을 끌 수 있다.

다섯째, 내가 찾은 텍스트를 읽으며 내용을 요약한다.

여섯째, 텍스트를 정독하며 자신의 이야기에 도움이 될 만한 부분을 표시하거나 정리해 두자.

자료 검색할 때 유의할 점

① 학술 자료는 학술 서적과 학술 잡지를 중심으로 검색한다.
② 웹 자료를 검색할 때에는 먼저 정보의 질을 평가하여 선택 여부를 결정한다.
③ 웹 자료 가운데 저자, 출처 불명의 글을 사용해서는 안 된다.
④ 가능한 한 최근 발행된 자료, 그리고 공신력 있는 자료를 우선적으로 활용한다.

포털 사이트를 이용한 자료 검색

포털 사이트에는 수많은 신문기사, 블로그, 동영상, 개인 홈페이지 자료들이 떠 있다. 이러한 자료들은 전체적 흐름을 살피고 최신 기사를 검색하는 데는 도움이 되지만, 막상

보고서에 인용하거나 참고문헌으로 쓰기에는 곤란한 자료들이 매우 많다. 특히, 개인 블로그에 있는 에세이는 꽤 전문적이고 참신한 기사들도 있는데, 저자나 출처를 확인할 수 없는 경우가 대부분이라 사용할 수 없다. 글을 쓸 때 저자나 출처를 확인할 수 없는 글을 사용하면 표절시비에 휘말릴 수 있으니 주의해야 한다.

도서관에서 자료 찾기

각 대학의 도서관에는 다양한 온라인과 오프라인 자료들이 소장되어 있다. 보고서를 작성할 경우, 먼저 도서관에 소장되어 있는 사전, 백과사전, 전문 학술사전을 이용하여 용어의 정확한 정의, 범주, 대략적 내용을 파악한다. 그리고 주제어에 연관된 관련 서적을 최소한 5~6권 이상 참조하여 좀 더 자세한 정보를 찾아 활용한다.

또한 온라인 상의 다양한 디지털 백과사전, 국내외 학술 데이터베이스를 검색한다면 정보의 바다에서 유용한 자료들을 손쉽게 활용할 수 있다.

학술검색 사이트 검색으로 자료 찾기

자료를 어떻게 검색하며, 어떤 자료를 찾아 활용하는가가 자신이 쓰고 있는 글의 수준을 좌우한다. 인터넷 자료들은 찾기도 쉽고 편하게 이용할 수 있지만, 그러한 자료들은 저자나 출처가 명확하지 못한 글이 대부분이다. 이런 글들은 설사 좋은 내용이라고 하더라도 글을 쓴 다음에 제대로 인용할 수가 없다.

우리는 책이나 논문, 신문 등의 게재된 자료들을 읽고 활용하는 것이 좋다. 이때 학술검색 사이트를 이용해보자. 훨씬 더 다양하고 전문적인 자료들을 활용할 수 있게 된다.

한글로 이용할 수 있는 유용한 학술정보 사이트는 다음과 같다.

① 한국학술지인용색인: www.kci.go.kr (케이씨아이)
② 한국학술정보: www.kiss.kstudy.com (키스)
③ 누리미디어 전자저널 서비스: www.dbpia.co.kr (디비피아)
④ 학술연구정보서비스: www.riss.kr (리스)
⑤ 국가전자도서관: www.dlibrary.go.kr (디라이브러리)

위의 학술정보 사이트에 수록된 디지털 자료는 대학도서관이나 학교 내 인터넷망을 이용하면 대부분 무료로 다운로드할 수 있다. 이상의 사이트를 이용하면, 한 주제에 대하여 논문, 서적, 신문·잡지 기사 등의 다양한 자료를 검색하고 원문을 읽어볼 수 있다. 이외에도 온라인 상에서 이용할 수 있는 백과사전, 전문사전 자료도 좋다. 요즘은 위키 백과 자료도 손쉽게 이용할 만한 자료이다.

학술검색 사이트의 이용

위 학술검색 사이트는 대학도서관 컴퓨터나 학교 내 인터넷망을 이용하면 원문 다운로드가 대부분 무료이지만, 학교를 벗어나서 이용하면 건당 4~5천원의 비용을 지불해야 한다. 집이나 학교 밖에서 사용하려면, '교외검색'을 이용해야 한다. 도서관 사이트에 들어가서 로그인을 하고 위 학술데이터베이스를 이용하면 된다. 자신이 찾은 자료를 '저자, 책(논문) 제목, 출판사(학회지), 출판년도, 페이지' 순으로 정리해보라. 논문 부호, 책 부호까지 넣어 이렇게 정리하면 참고문헌 목록을 작성할 때 편리하다.

(예) 책: 반기성, 『기후위기, 지구의 마지막 경고』, 프리스마, 2022.

　　논문: 김문정, 「『나목』에 나타난 여성 혐오와 사랑의 양상」, 『한국학연구』 88, 고려대 한국학연구소, 2024, 5-31쪽.

1 다음 화제에 대해 주제문을 써보자. 주제문은 'A는 B이다', 혹은 'A는 B 해야 한다'의 형식으로 써보자.

(1) 대학생활

　　주제문:

　　--

(2) 동물보호법

　　주제문:

　　--

(3) 저출생

　　주제문:

　　--

(4) 인공지능

　　주제문:

　　--

자신이 쓴 내용을 옆 친구들과 이야기해보자.

----

2 위 주제문 중에 한 가지를 골라 글쓰기에 필요한 자료를 찾아 제목을 쓰고, 내용을 서너 줄로 요약해보자.

(1) 자료 1

내용:

(2) 자료 2

내용:

(3) 자료 3

내용:

(4) 자료 4

내용:

_____

_____

_____

_____

_____

3 "나의 대학공부 설계"라는 제목으로 글을 쓰기 위해 다음의 항목들에 대해 조사해 채워 보자.

(1) 전공학문, 무엇을 배우나?
  – 각자의 전공학과의 홈페이지나 커리큘럼을 검색해보기
  – 학과 선배, 교수님들께 여쭤보기
  – 졸업 후 진로에 대해 조사하기

(2) 전공학문, 어떻게 공부할 것인가?
  – 각 학과의 전공공부 커리큘럼을 조사한 뒤에, 어떻게 공부방향을 잡는 것이 좋은 지 조사하기
  – 선배들과 교수님들의 조언 들어보기
  – 4년 동안의 자기 공부계획을 세워보기

(3) 내가 배우고 싶은 것은 무엇인가?
  – 자신이 배우고 싶은 것이 무엇인지 정리해보기
  – 자신의 취업, 진로에 대해 써보기
  – 자신의 대학생활에 대해 성찰해보기

3. 개요 작성

(1) 제목 달기

글을 쓸 때 전체적인 전개를 예상하며 틀을 짜면 글쓰기가 쉬워진다. 그 중 먼저 할 수 있는 일은 제목을 써보는 것이다. 제목은 '상점의 간판'과 같은 것이다. 글의 내용에 대해 자신의 느낌을 담아 감각적으로 제목을 만들어보자. 제목은 그때그때 고쳐 써도 좋으니 느낌이 가는 대로 써보는 것이 좋다.

(2) 목차 만들기

목차란 차례라고도 한다. 글을 쓰기 전에 이 글을 어떤 순서나 형식에 따라 글을 쓸 것인지 예상해보며 '서론-본론-결론'의 소항목 형태로 적어 넣는 방식이다. 제목이나 주제문을 살펴보면 대강의 목차가 나올 때가 많으니 자신이 만든 주제문이나 제목을 보고 대강의 목차를 만들어보자.

'저출생 현상'에 대한 글을 쓴다고 생각하고 대략적인 목차를 예시하면 다음과 같다.

> **목차 예시**
>
> 1. 서론
> 2. 저출생 대응책의 한계
> 3. 일자리 패러다임 전환
>   (1) '삶의 질' 중심의 패러다임 전환을 통한 제도 개선
>   (2) 해외 사례를 통해 본 노동 여건 개선 필요성
> 4. 가족 패러다임 전환
>   (1) 여성 인구 관리 차원의 근시안적 제도가 가진 병폐
>   (2) 다양한 가족구성권을 존중하는 환경 조성
> 5. 결론

(3) 개요 작성하기

글을 효과적으로 쓰려면 글의 전체적인 순서를 구상하거나 자료를 어떻게 활용할지 메모하는 것이 필요하다. 이 구상과 메모를 알기 쉽게 정리한 것이 개요이다. 개요, 또는 개요문이라 하는 것은 글을 쓰기 위한 '설계도'이다. 목공소에서 합판을 사서 자신이 쓸 책장을 만든다고 할 때 간단한 설계도 없이 만들 수는 없다. 글쓰기도 마찬가지여서 글의 '설계도'인 개요문을 작성해 한다. 개요문을 작성하는 이유는 ①글 전체의 흐름을 정리하고 균형을 잡을 수 있으며, ②중요한 내용이 빠지는 일 없이 배치할 수 있고, ③집필과정에서 일어나기 쉬운 내용의 중복을 막을 수 있기 때문이다.

개요문 작성 방식

첫째, 제목을 만들어 쓴다. 내용을 문장으로 다 풀어쓰는 방식보다는 단어나 구(句)를 사용해 간략하고 인상적으로 지어보자.

둘째, 자신이 미리 만들어 놓은 주제문을 써 넣는다. 주제문은 글감과 자신의 명확한 시각, 주장을 담아 문장으로 완성한다.

셋째, 대강의 목차를 짜 넣는다.

넷째, 자신이 찾은 자료들을 검토하며 내용을 구상하며 목차 밑으로 구체적인 내용을 한두 줄씩 써넣는다.

다섯째, 대항목, 중항목, 소항목 등의 상위 개념과 하위 개념의 순서를 명확히 하며 숫자나 부호를 사용해 분류한다.

여섯째, 개요문을 화제식 개요 형식으로 작성해 본다. 화제식 개요는 목차에 핵심어나 대략적인 내용을 메모 형식으로 적어 넣는 방식이다. 화제식 개요는 구체적 내용을 문장으로 풀어쓰지 않고도, 주요 단어와 메모 형식으로 글의 핵심 내용을 좀 더 쉽게 표현할 수 있는 장점이 있다. 자기가 찾은 자료를 검토해 중요한 개념어와 내용을 인용, 소개하면서, 내 이야기를 어떻게 풀어갈지 메모해보자.

제목: 저출생 문제 패러다임의 전환

주제문: 우리 사회의 저출생 문제는 근본적인 패러다임의 전환을 통해 해결해야 한다.

1. 서론
- 한국 출생률 통계 제시하며 문제 제기

2. 저출생 대응책의 한계
- 「저출생 대응 패러다임의 한계와 변화」라는 칼럼 내용 예시
- 일상적 삶의 행복을 보장하는 방향의 정책 전환 필요

3. 일자리 패러다임 전환
- **(1) '삶의 질' 중심의 패러다임 전환을 통한 제도 개선**
  근본적인 일자리 개선과 근로 시간 단축의 필요성 역설
- **(2) 해외 사례를 통해 본 노동 여건 개선 필요성**
  스웨덴과 프랑스의 저출생 대응 사례 인용 및 분석

4. 가족 패러다임 전환
- **(1) 여성 인구 관리 차원의 근시안적 제도가 가진 병폐**
  가임기 여성, 출산 여성 중심 논의가 지닌 한계를 지적하며 대안 모색
- **(2) 다양한 가족구성권을 존중하는 환경 조성**
  정상가족 담론 안에서의 논의가 지닌 한계를 지적하며 대안 모색

5. 결론
- 저출생 문제는 한 사회의 철학과 관련된 사회적 문제
- 근시안적 접근방법에서 벗어나 근본적인 패러다임의 전환이 필요함을 강조하며 마무리

꼼꼼히 개요를 써 보면 초고를 쓰는 데 큰 도움이 된다. 초고를 쓰는 것은 개요문을 펴 놓고 자료를 넘겨보며 개요문의 한 항목, 한 단락씩 채워가는 과정이다.

1 위 개요 예문을 참고해 자신이 쓸 글의 개요문을 작성해보자.

제목:

주제문:

Ⅰ. 서론

Ⅱ.
  1.

  2.

Ⅲ.
  1.

  2.

Ⅳ. 결론

* 참고문헌 목록
  논문 – 저자 이름, 「논문 제목」, 『논문이 실린 잡지 제목』 ○○집, 학회 이름, 연도, 페이지.
  책 – 저자 이름, 『책 제목』, 출판사, 연도, 페이지.
  신문기사 – 「기사 제목」, 『신문 제목』, 간행일. URL (검색일: 20XX.XX.XX.)

  ①
  ②
  ③

4. 초고 쓰기

(1) 서론 쓰기

글의 첫머리는 서론이라고도 한다. 글의 첫머리는 독자들이 흥미를 느끼고, 관심을 끌수 있도록 시사적 화제, 예화, 개인적 일화 등을 활용해서 시작하는 것이 좋다.

첫째, 보고서의 목적, 주제의 범위를 제시한다.
둘째, 배경지식, 기본 이론, 선행 논의를 정리한다.
셋째, 글의 논점이나 순서를 제시하며 문제 제기한다.

(2) 본론 쓰기

본론 부분은 개요를 보고 각 항목을 채워 넣는 방식으로 시작하는 것이 좋다. 또한 서론에서 문제 제기한 것을 하나씩 풀어간다는 기분으로 글을 쓰는 것이 좋다. 본론은 보통다음과 같은 점들을 유의하며 쓰는 것이 일반적이다.

첫째, 개요문의 항목마다 간단한 내용을 써넣으며 하나의 문단을 만들어간다.
둘째, 논점을 제시할 때, 자신이 읽은 자료를 인용하거나 요약하여 넣는다.
셋째, 자신이 인용한 글 뒤에는 인용문을 요약하거나 분석하는 것이 필요하다. 그 뒤로 자신의 생각이나 주장을 구체적으로 써내려 간다.
넷째, 자신의 주장을 전개할 때, 자신이 찾아본 자료를 찾아 구체적이거나 전문적인 지식을 활용한다. 자료에 대해 분석과 해석, 또는 비판과 평가를 하며 자신의 주장을 전개한다.

(3) 결론 쓰기

결론에서는 처음 서론에서 글쓴이가 제기했던 문제와 본론에서 전개한 내용을 정리하여 독자에게 자신의 주장을 명쾌하게 인식할 수 있도록 해야 한다. 결론 부분은 자신이 주장한 내용을 간략히 정리하고, 논점에 대해 시사점이나 제언 등을 첨부해 정리한다.

1 다음은 앞서 '저출생 현상'을 글감으로 해서 만든 개요를 바탕으로 완성한 초고이다. 다음 글을 읽고 '서론-본론-결론'의 글쓰기 방식을 분석해보자. 또 잘된 점, 어색한 점, 보완할 점에 대해 이야기해보자.

[제목] 저출생 문제 패러다임의 전환

[문제 제기] 요즘 우리 사회의 저출생 문제가 심각하다. 정부는 많은 지원책을 내놓으며 젊은 청년과 부부들에게 결혼과 출산을 장려하고 있지만, 통계 지표가 보여주는 현실은 어둡다. 1970년에 4.53명이었던 한국의 합계출산율은 1983년에 2.10명, 2000년에 1.48명, 2024년 0.74명으로 급격히 낮아졌다.[1] 이는 전 세계에서 가장 낮은 수치라고 한다. 정부는 2006년부터 100조 원 이상을 지출하며 다양한 정책을 펴고 있다고 하는데, 왜 한국의 저출생 문제는 해결될 기미가 보이지 않는 것일까?

[화제 탐색과 활용] 얼마 전 저출생과 인구문제에 관해 자료를 찾다가「저출생 대응 패러다임의 한계와 변화」[2]라는 칼럼을 읽었다. **[자료 요약]** 이 글에서 김아래미 교수는 인구감소 통계를 분석하며, 저출생으로 인한 인구감소 대응책에 한계가 있음을 지적하였다. 특히 출산에 대한 여성 개인의 책임을 강조하는 정책이나 금전적 지원 중심의 정책이 가진 문제점을 논평하며 패러다임의 전환을 제안하였다.

[자료 분석] 나는 칼럼을 읽고 무엇보다 거시적인 담론의 전환이 핵심 요소라는 생각이 들었다. 오늘날 한국 사회에 깊이 뿌리 내리고 있는 성별 불평등과 장시간 노동 문제가 근본적으로 해결되지 않는다면, 미시적이고 일시적인 금전 지원 정책이 아무리 다양해지더라도 저출생 문제가 해결되기 어려울 것이다. 또한 출산 및 양육 중심으로 짜인 계획에서 벗어나, 우리의 '삶의 질'을 제고하는 방향의 정책 전환이 있어야 할 것이다. 일상적 삶의 행복이 보장되어야 저출생 문제 해법에도 실마리가 열릴 것이다. 그렇다면 앞으로의 정책은 어떤 방향으로 나아가야 할까?

[해결책 1] 정부와 기업에서는 저출생 제도 수립 시 거시적 안목으로 근본적 해결책을 내놓아야 한다. **[소주제문]** 저출생 문제를 해결하기 위해서는 근본적인 일자리 개선과 근로 시간 단축이 단행되어야 한다. **[자기 주장 서술]** 지금도 많은 사람들이 출산 및 육아와 직장 생활을 병행하기 힘든 것으로 받아들이고 있다. 출산과 육아 그 자체가 당장 힘들어서라기보다는, 이로 인해 일시적 경력 단절을 겪고 나면 다시 원래 일자리로 돌아가기도 힘들다는 점 때문에 출산과 육아를 결심하기 어려운 것이다. **[사례 인용]** 그런 점에서 스웨덴과 프랑스의 정부

및 기업의 지원 제도는 시사하는 바가 크다. 이들은 1990년대에 합계출산율 최하점을 기록했지만, 장기적 안목의 가족정책과 부모 휴가제도 등을 시행한 결과 2010년대 이후 반등에 성공해 유지하고 있다. **[자기 주장 강조]** 단기적 금전 지원 중심 제도가 아니라 스웨덴과 프랑스 등의 복지국가에서 널리 시행되고 있는 일자리 여건 개선 정책들을 정착시켜, 부부가 육아와 직장 생활을 병행할 수 있도록 도와야 한다.

[해결책 2] 또한 관련 제도의 유연화도 필요하다. **[소주제문]** 출산은 여성 개인이 짊어져야 하는 문제가 아니며 가족의 형태 또한 다양화되고 있는데도 불구하고, 아직 출산 및 양육 지원 제도의 형태는 소극적이다. **[자료 요약과 분석]** 가족구성권과 출생률에 대한 논문[3]을 읽었는데, 매우 흥미로운 이야기가 실려 있었다. 논문에서는 혼인과 혈연 중심성, 그리고 가족주의를 넘어서 '한 인간'을 돌보고 그가 인간답게 살아갈 수 있도록 돕는 정책이 필요함을 강조하고 있다. **[자기 주장 서술]** 인간을 도구화하는 근시안적 정책에서 탈피하여, 새로운 가족구성권에도 대처할 수 있는 유연한 제도가 필요하다. 저출생 문제를 가임기 여성의 문제로 환원하거나 정상 가족 담론 안에서만 논의하는 것은 시대착오적이다.

[요약 및 결론] 내가 내린 결론은 이렇다. 저출생 문제를 바라보는 시각 자체를 바꿔야 한다. 근시안적 해결책만으로는 근본적인 문제를 해결하기 어렵다. 저출생 문제는 단순한 인구문제가 아니다. 행복한 삶이란 무엇인가를 물으며 한 사회의 철학을 보여주는 문제이다. 보다 멀리, 보다 넓게 보면서 저출생 문제에 접근할 때 비로소 해법이 나올 수 있을 것이다.

<참고문헌>

김아래미, 「저출생 대응 패러다임의 한계와 대전환」, https://sasw.or.kr/hotissue/710205 (검색일: 2025.01.12.)

김유진, 「가족구성권의 관점에서 저출생을 다시 생각하다」, 『월간 복지동향』 303, 참여연대사회복지위원회, 2024.

---

1) 통계청 〈인구동향조사〉 https://kosis.kr/index/index.do (검색일: 2025.01.12.)
2) 김아래미, 「저출생 대응 패러다임의 한계와 대전환」, https://sasw.or.kr/hotissue/710205 (검색일: 2025.01.12.)
3) 김유진, 「가족구성권의 관점에서 저출생을 다시 생각하다」, 『월간 복지동향』 303, 참여연대사회복지위원회, 2024.

2 자신이 준비한 개요를 보고 글을 완성해보자.

5. 고쳐 쓰기

아무리 글을 잘 쓰는 사람도 글을 한 번에 다 써서 끝내지는 못한다. 글을 쓴다는 것은 초고를 쓰는 것이고, 초고(草稿)는 그야말로 '초고(初稿)'이다. 초고를 쓴다는 것은 개요문에 제시한 글의 형식을 채운다는 의미에 가깝다. 글을 한 번 채웠으면, 그 다음엔 여러 번 글을 다듬고 보완해야 한다. 고쳐 쓰기의 일반 원칙은 다음과 같다.

첫째, 쓰고자 한 것을 충분히 썼는지 검토하고, 논거나 설명이 부족한 곳이 있으면 보충한다.
둘째, 중복되거나 불필요한 내용은 삭제한다.
셋째, 처음에 의도했던 주장이나 주제에 어긋나는 부분이 있는지 전체적으로 검토하고 삭제하거나 고친다.
넷째, 문장이나 단락의 순서를 바꿔 재배열해 효과를 높일 수 있으면 그렇게 한다.

고쳐 쓰기의 대상은 글의 주제나 내용, 문단, 문장, 단어, 띄어쓰기, 오탈자, 문장부호 등 전 영역이다. 먼저 전체적인 내용을 살피고, 그 뒤에 부분적인 내용을 살피는 것이 좋다.
글을 수정할 때는 일반적으로 분량을 줄여가는 것이 좋으며, 참고문헌을 조사해서 내용이나 근거를 보충하는 방식도 좋다. 글은 여러 번 수정할수록 좋아지므로 거듭 교정을 보아 완성도 높은 것을 공개해야 한다. 두 번에서 세 번 정도는 고쳐 써보자.
초고 쓰기가 필자가 하고 싶은 이야기를 쓰는 과정이라면, 고쳐 쓰기는 필자의 의도를 독자가 잘 이해할 수 있게 표현과 구성을 검토하는 과정이다. 글은 농축적일수록 깔끔하고 멋진 것이 된다. 장식적이지 않고 명쾌하면서도 한두 군데 적절한 비유를 사용한다면, 글은 더욱 빛날 것이다.

2장. 인용과 주석

1. 인용의 방법

인용이란 남의 글(남이 펼친 주장)을 자신의 글에 끌어와 보여주거나, 글쓰기의 재료로 삼는 것을 말한다. 자신의 생각만으로 한 편의 글을 쓰는 것은 매우 힘들기 때문에, 인용의 방식을 잘 익히면 글을 좀 더 요령 있게 쓸 수 있다. 글을 쓸 때 적절한 통계자료, 역사적 사실, 명언이나 속담, 권위 있는 이론이나 주장을 인용하면 자기주장의 타당성이나 정당성을 뒷받침하는 데 효과적이다.

인용은 왜 하는가? 첫째, 인용은 다른 사람의 글을 비판적으로 논의하고 해석하는 데 도움이 되기 때문이다. 둘째, 공통되거나 상반되는 견해를 인용함으로써 논의를 더욱 풍부하게 만들어 주기 때문이다. 셋째, 자신의 주장을 뒷받침하고 강화하기 위해 권위 있는 의견의 도움을 받는 것이 유용하기 때문이다.

인용할 때는 다음 사항에 유의해야 한다.

첫째, 인용은 꼭 필요한 경우에만 한다. 논지 전개에 필요한 경우가 아니면 함부로 인용해서는 안 되고, 필요한 경우라 하더라도 너무 많은 분량을 인용해서는 안 된다.

둘째, 인용을 할 때는 공식적으로 검증되었거나 권위를 인정받는 자료를 인용한다. 신문기사, 백과사전 내용, 단행본, 학술논문 등이 이에 해당한다.

셋째, 인용문의 출처를 정확하고 구체적으로 밝혀야 한다. 대학에서 쓰는 글은 일반적으로 각주(脚註) 형식이나, "『○○○』에 의하면, ~" 등의 방식으로 출처를 밝힌다. 블로그나 인터넷 카페의 글은 저자나 출처를 밝히기 어려우므로 피한다.

넷째, 인용은 다른 글쓴이를 존중하는 마음으로 해야 한다. 인용할 글의 중심내용을 파악해 필요한 부분을 정확히 인용한다.

다섯째, 주장의 맥락과 인용한 자료가 어떠한 관련이 있는지를 분명히 밝힌다.

여섯째, 인용의 방법에는 원문의 표현을 그대로 옮기는 '직접인용', 참고한 내용을 요약하거나 자신의 문장으로 바꿔 표현하는 '간접인용'의 방식이 있다. 어떤 인용이든 인용한 부분의 끝에는 주석을 달아 출처를 명확히 밝혀야 한다.

일곱째, 인용문이 두세 줄을 넘지 않을 때에는 따옴표를 넣어 본문 내에 넣는다. 그 이상의 긴 인용문은 줄을 바꿔 아래위로 한 줄씩 띄워 새로운 문단을 만들어 인용한다. 그리고 그 첫 줄은 한 칸 들여 쓴다.

여덟째, 인용문은 원문에 충실해야 한다. 모든 인용은 인용문의 문장, 개념이나 뜻을 왜곡하지 않고 사용해야 하며, 그 출처도 정확하게 밝혀주어야 한다.

아홉째, 인용된 저자의 의도를 왜곡하지 말고, 핵심적 사항을 파악하여 인용해야 한다.

(1) 직접 인용하기

직접 인용하기는 인용부호를 사용하여 다른 연구자의 글을 그대로 인용하는 것이다. 이때 자구는 물론 철자와 쉼표까지도 원문 그대로 인용하는 것이 원칙이다. 조금이라도 원문을 수정할 때에는 그 사실을 밝혀야 한다. 인용문이 너무 길어질 때에는 원문의 중간 부분이나 아래 부분을 생략하고 필요한 부분만 인용한 뒤, '생략' 또는 '중략'이라는 표시를 하거나 말줄임표를 사용하여 원문 그대로가 아님을 분명히 밝혀야 한다. 또한 원문을 인용한 뒤 필자가 강조하고 싶은 부분에 방점을 찍거나 밑줄을 그었다면, '방점은 필자', '밑줄은 필자' 등으로 표기를 해준다.

직접 인용은 원문의 표현 형태를 그대로 보여줄 필요가 있을 때 한다. 가령, 소설이나 시 등과 같이 작품이 변형되면 안 될 때, 법조문이나 중요 의결사항을 밝힐 때, 수학이나 과학의 공식이나 원리를 인용할 때 주로 사용한다.

단어나 핵심 어구, 3행 이내의 짧은 문장을 인용할 때는 본문의 문장 안에서 인용부호 큰 따옴표(" ")를 사용하여 원문임을 표시해 준다. 4행 이상 또는 100자 이상의 긴 글을 인용할 때에는 새로운 문단을 만들고 위아래를 한 줄씩 띄어준다.

짧은 인용문의 예시

저자 이시이 마사미는 『감염증문학론 서설』(2021)이라는 책의 머리말에서, "그래도 감염증의 실태를 생생하게 전하는 것은 공적인 통계나 기록물이 아닌, 문학이 아닐까? 문학은 분명 허구이지만, 문학에야말로 진실이 있다고 말해도 좋을 것이다."라고 하여 문학적 글쓰기에 진실성과 힘이 있음을 말하였다.

긴 인용문의 예시

결혼 6년차의 캄보디아 출신 킴나이키는 한국에 이주한 후 자신의 처지에 대해, '가정'이라는 새장을 벗어나 자아를 찾고 싶다고 말했다. 다음의 말은 그녀가 자신에 대한 불만을 말한 것이면서 사회적 소통에 대한 욕구를 표현한 것이기도 하다.

집에만 있고 나가서 뭘 할 수가 없으니까 느낌이 '새'. 그 새 잡아서 집을 만들고 그 집, "너! 집만 지켜. 밖에 나오지 마." 이런 느낌이 들었어요. 왜냐면 누구도 모르고 마음대로 할 수 없고. (중략) 한국에서 하고 싶은 것도 어떻게 해야 하는지 모르잖아요. 남편밖에 얘기할 사람이 없고. 그거 싫어요. 그냥 내가 직접 가서 내가 알아서 하는 거 되게 원해요. (중략) 내가 전에 내가 사는 모습에 다 안 왔어요. 한 80, 70% 정도? 한 30%는 잃어버렸어요.[1]

킴나이키의 위 발언은 자신이 고국에서의 가난한 상황을 벗어나 자기 인생을 개척하고자 한국에 왔지만, 남편과 가정 안에 묶여 있고 자기가 사회에서 하고 싶은 일은 대부분 하지 못하고 있어 불만족스럽게 여기고 있다는 점을 보여준다. 이는 자신이 상실한 자아, 인간관계를 되찾고 싶은 욕망, 그리고 사회적 소통에 대한 욕구를 표출한 것이다.

---

1) 건국대 서사와문학치료연구소, 『한국 이주내력 및 생활담』, 북코리아, 2022, 42-43쪽.

위의 긴 인용문 예시의 형식과 순서를 잘 볼 필요가 있다. 첫째, 인용하기에 앞서 개념적인 문장을 쓰고, 누군가의 말이나 문장을 왜 직접 인용하는지를 보여줘야 한다. 둘째, 인용문은 위 아래로 한 줄씩 띄어주고 작은 글씨로 써서 본문과 인용문을 구분해준다. 인용문은 원문의 표현을 그대로 쓴다. 셋째, 인용문을 쓴 뒤에는 그 다음 문단에서 글쓴이가 인용문에 대해 해설, 분석하는 문장을 써서 그 의미를 분명하게 밝혀줄 필요가 있다.

(2) 간접 인용하기

간접인용은 인용문이나 논문의 내용을 원문 그대로 쓰지 않고, 인용자의 설명과 표현으로 바꿔 인용하는 방법이다. 주로 다른 사람의 생각이나 아이디어를 자기 글의 목적에 맞도록 활용하기 위해 자신의 문장으로 바꾸어 인용하는 것을 말한다.

▌간접인용의 예시

코린 펠뤼숑은 동물의 고통에 무관심하거나 무지한 인간은 영혼을 잃어가는 존재가 되어가는 것이라고 하였다. 그리고 오늘날 학대받는 동물의 현실을 고발하며 야생동물을 감금하는 것, 투우나 동물 싸움하는 것, 말을 타고 하는 사냥하는 것 등을 금지해야 하며, 농장동물 사육장과 도살장의 환경을 변화해야 한다며 동물권리 실현을 위한 구체적 변화를 촉구하였다.[5]

---

5) 코린 펠뤼숑, 『동물주의 선언』, 배지선 옮김, 책공장더불어, 2019, 92-118쪽.

간접인용 방식은 원문이 너무 길거나 내용이 복잡해서 인용자가 간략히 내용을 설명하기 위해 사용할 때가 많다. 위 예문에서 인용자는 프랑스 철학자 코린 펠뤼숑이 오늘날 동물이 겪는 고통을 줄이기 위해 과감한 조치와 변화가 필요하다고 주장한 20여 쪽 분량의 내용을 단지 몇 줄로 요약해서 주요 내용을 소개하였다. 이런 것이 간접인용의 효과이다. 위 개념 및 문장은 글쓴이가 직접 쓴 것이 아니라 코린 펠뤼숑의 것이므로 인용임을 밝히고, 출처를 표시해야 한다.

2. 주석 및 참고문헌 작성법

(1) 주석의 사용법

논문이나 보고서를 작성할 때는 참조한 자료의 출처를 밝히거나 내용 이해를 돕기 위해 설명을 덧붙이는 주석을 단다. 주석에는 본문주(本文註), 각주(脚註), 후주(後註) 등이 있다. 본문주는 본문 속에 괄호를 만들고 그 안에 주석 내용을 바로 표기하는 것이다. 각주는 주석이 필요한 페이지의 아랫부분에 줄을 긋고 그 밑에 주석 내용을 다는 것을 말한다. 후주는 주석을 글의 맨 뒤에 모두 모아서 한꺼번에 제시하는 방식을 말한다. 후주는 미주(尾註)라고도 한다. 최근에는 "(최현주, 2018)"와 같이, 본문에서는 간단하게 필자와 간행년도만 밝히고,

구체적인 서지사항은 참고문헌 목록에 작성하는 '필자-연대' 표시법이 많이 쓰이고 있다. 각주를 중심으로, 주석이 사용되는 용도에 대해 살펴보면 다음과 같다.

첫째, 각주는 인용의 출처를 밝히는 데 가장 많이 사용된다.

둘째, 각주는 본문에서 논의된 테마에 관하여 그것을 뒷받침하는 다른 참고문헌에 대한 소개를 덧붙이는 데 사용된다. 가령 "이 문제에 대해서는 다음과 같은 저자의 책을 참조하시오."와 같은 경우에는 각주로 하는 것이 편리하다.

셋째, 각주는 논지를 뒷받침하는 인용문을 매끄럽게 도입하는 데에 이용된다. 본문 안에 기입했을 경우 가독성을 떨어뜨린다고 판단되는 인용문은 각주로 처리하는 것이다. 가령 "첫째, 둘째…" 식으로 주장을 나열하는 글을 쓸 때, 논의의 맥락을 잃지 않기 위해 첫째 주장 뒤에 곧바로 둘째 주장, 셋째 주장을 쓰는 경우가 있다. 그러나 첫 번째 주장 다음에 각주를 달아 참조 표시를 함으로써, 어떤 유명한 권위자가 필자의 주장을 확인한다는 것을 증명할 수도 있다.

넷째, 각주는 필자가 본문에서 주장한 것을 확대하는 데 이용된다. 중심적 서술보다는 주변적인 관찰인 경우 특히 그러하다. 이를 주에 넣어줌으로써 본문이 무거워지는 것을 막아주기 때문이다.

다섯째, 각주는 본문의 주장들에 대한 상이한 견해를 제시하는 데 이용된다. 자신이 주장한 것에 대해 확신을 갖고 있더라도 반대되는 견해를 주에 넣어줌으로써 논의의 객관성을 확보할 수도 있다.

여섯째, 외국어 텍스트의 경우, 번역문 또는 원문을 각주에 넣어주는 데 이용된다.

(2) 각주의 사용 사례

▌**논문, 서적의 출처를 표시하는 다양한 각주 형식 예시**

1) 김철수, 『챗GPT와 글쓰기』, 위키북스, 2023, 82쪽.
2) 한강, 『작별하지 않는다』, 문학동네, 2021, 28쪽.
3) 조규익 외, 『한국문학개론』(서울: 새문사, 2023), p.112.
4) 유발 하라리, 『넥서스』, 김명주 번역(서울: 김영사, 2024), 96쪽.
5) 유발 하라리 저, 김명주 번역, 『넥서스』(서울: 김영사, 2024), 96쪽.
6) 유발 하라리 저, 김명주 번역, 『넥서스』, 김영사, 2024, 96쪽.
7) 장철수, 「21세기 프랑스의 경제상황」, 신효철 편, 『프랑스의 이해』, 민음사, 2022, 34쪽.
8) Bill Nichols, "The Voice of Documentary", Bill Nochols(ed), *Movie and Methods: An Anthology*, University of California Press, 2021, pp.12-15.

9) 이유진 기자, 「노벨상과 한국 사회의 소동」, 『한겨레21』 1535호, 2024.10.31.
https://h21.hani.co.kr/arti/society/society_general/56259.html (검색일: 2024.11.07.)
10) 강재영, 「과거와 미래를 지금—동시에 바라보다」, 『월간미술』 477, 2024.10.
http://www.wolganmisool.com/02wolgan/serv/202410/05aticle/main03.php
(검색일: 2024.11.01.)

한글 각주의 경우, 1), 2), 6), 7)번 사례와 같이 쉼표(,)로 서지정보를 열거하며 출판정보를 서술하는 방식이 일반적이므로 이와 같이 쓰기를 권장한다. 3), 4), 5)번 사례는 책 제목을 강조하고, 나머지 출판사 및 출판연도 등은 괄호 안에 넣어주어 숨기는 방식이다.

영어 각주의 경우, 서지정보를 적는 순서는 한글 각주와 같은데, 논문은 8)번 사례처럼 논문은 "논문제목"의 형식으로 제목을 써주고, 논문이 실려 있는 학술잡지나 단행본의 제목은 이탤릭체로 써주며, 책 표시의 문장부호는 쓰지 않는다.

9)번은 신문이나 잡지에 실린 작품이나 기사를 표시할 때 쓰는 방식이다. 10)번은 인터넷에 실린 기사를 검색했을 때 쓰는 방식인데, 일반적인 서지사항 외에 인터넷 주소와 검색일을 부가해 써주어야 한다.

설명 각주의 예시

동물권 운동 및 동물해방론은 생명에 대한 높은 윤리의식에 의해 출현한 생명존중 운동의 하나로, 채식주의 및 비거니즘(veganism)[15]을 주장하는 사람들에 의해 조금씩 현실화되고 있다. 그렇다고 해서 동물권 운동이 미국사회에서 흑인노예해방론과 같은 과정 및 수준에서 현실화될 수 있는지는 전망하기 어렵다. 과연, 생래적으로 잡식 식성을 지닌 인간이 높은 수준의 동물 생명 존중의식을 지닌다고 해서 과연 육식 습성을 그만둘 수 있을까? 이 문제는 인류가 탄소문명에서 탈 탄소 문명으로 전환하자는 목표만큼이나 거대하고 비현실적으로 느껴지는 과제이다.

15) 비건이라는 단어는 1944년 영국의 환경활동가인 Donald Watson에 의해 처음 사용되었는데, 실천의 방식에 있어서 동물의 가죽이나 내장 등을 이용한 어떠한 제품도 사용하지 않는 생활방식을 취하는 것을 비거니즘이라고 하였다. 박지현, 「채식·비건·비거니즘 법체계도입을 위한 연구」, 『환경법연구』 43(2), 한국환경법학회, 2021, 130쪽.

* 권혁래, 「한·중·일 동물보은담의 생태의식과 공생의 인문학」, 『동아시아고대학』 67, 동아시아고대학회, 2022.

약식 각주는 앞에서 한 번 참고한 자료의 서지사항을 기술하였으면, 그 뒤에는 간략히 서지사항을 쓰는 방식이다. "ibid"는 바로 앞에서 제시한 영어, 프랑스어 등 서양언어로 된 참고자료의 서지사항을 다시 제시할 때 쓰는 방식이다. 1)번의 "ibid"는 "위의 책"을 인용했다는 뜻이고, 2)번은 "위의 책"의 112쪽에서 120쪽까지 인용, 또는 참고했다는 뜻이다. 3)번은 앞에서 제시했던 Rose Oswald라는 저자가 쓴 책의 24쪽을 인용했다는 뜻으로, "op. cit."는 "앞의 책"이란 뜻이다. "op. cit."나 "앞의 책"은 같은 뜻이며, 바로 앞의 책이 아니라 몇 단계 앞에 서지사항을 제시했을 때, 저자 이름을 함께 써줌으로써 그 저자가 썼던 책을 참고하라는 뜻이다.

한국어 책이나 일본어, 중국어 책 등 한자문화권의 책은 "앞의 논문[책]", "위의 논문[책]"과 같이 한글로 된 약식 부호를 많이 이용한다. "위의 책"은 바로 위에 제시된 책의 서지정보를 그대로 쓰는 방식이고, "앞의 책"은 앞에 저자 이름을 같이 써줌으로써 바로 앞의 책이 아니라 몇 단계 앞에 그 저자가 쓴 책을 참고했다는 뜻이다. 6)번은 "앞의 책"과 비슷한 서지사항 표시법인데, 앞에서 서지사항을 제시했던 장철수의 2022년도 책 35쪽을 다시 참고했다는 기호이다.

1 다음은 기후변화의 심각성을 설명한 글이다. 다음 글을 1회 직접 인용하여 기후 위기에 대한 자신의 생각을 담은 짧은 글을 써보자.

> 기후 위기와 같은 전 지구적 환경 문제는 특정 국가나 특정 기업·일부 개개인의 노력만으로 절대 해결할 수 없는 문제임을 알고 있다. 과학에서 출발해서 다양한 정책적·사회경제적 해법과 공학적·기술적 해법을 모색하고 실천하며, 기후 변화 완화와 기후 변화 적응이라는 두 마리의 토끼를 잡기 위해 국가나 사회는 앞으로도 경쟁과 협력을 지속할 것이다.
>
> 그러나 산업화 이후, 특히 2차 대전 이후 전후 복구 과정에서 재건한 탄소 문명에서는 그 해법을 찾기가 불가능하다는 것이 과학적으로 출발해 얻은 결론이다. 또, 경쟁 이데올로기와 효율성에만 매몰돼 각축하고 갈등하며 전 지구적 기후 위기와 지구 환경 문제를 해결하는 것은 사회적으로도 불가능해 보인다. 숫자상으로는 1901년부터지만 실질적으로는 2차 대전 이후 40~50년 늦게 시작된 20세기가 이제 서서히 막을 내리고, 그 20세기를 24년째 연장한 오늘, 기후 변화 대응을 위해서도 진정한 21세기의 새로운 질서로의 재편은 반드시 필요하다고 본다.
>
> 물과 에너지 등을 포함하는 각종 자원을 두고 사회와 국가의 대립 및 갈등은 날로 고조되며 지정학적 리스크가 자꾸만 최고조로 올라가는 오늘의 세계에서 과연 이러한 대립과 갈등의 이면에 전반적으로 악화일로에 있는 지구 환경 문제가 없다고 누가 단언할 수 있을까? 오랜 기간 가뭄이 지속돼 농작물 생산은 물론 식수 문제까지 불거지거나 반대로 폭우가 심해 홍수와 산사태를 겪으며 국토가 황폐화되거나, 또는 해수면 상승으로 국가 자체가 사라지거나 대규모 피해를 입을 것으로 전망되는 상황·누적 온실가스 배출 책임이 매우 적은 개발도상국에서 심각한 기후 재난·기후 재앙을 경험하며 막대한 손실과 피해를 입는 상황, 구세대의 온실가스 배출로 인해 인권이 제한되고 있는 현세대가 목소리를 내기 시작하는 상황, 과연 우리는 앞으로도 물질적 성장만을 위해 지구 환경의 악화를 외면할 수 있을까?
>
> 그동안의 미온적 대응과는 사뭇 다른 접근은 특히 대부분의 에너지와 식량을 수입하는 우리에게 더더욱 절실하게 필요할 것이다. 기후 위기 완화와 적응이라는 두 마리 토끼를 잡기 위해 국제 사회의 분위기도 지난 몇 년 새 완전히 바뀌었고, 이제 더 이상 과거로의 회귀는 가능하지도, 가능해서도 안 될 것이다. 적극적 기후 행동이 없으면 점점 더 설자리가 없어지도록 바뀌는 국제 질서에 적응해야만 할 것이다. 아니 그 적응을 주도하며 오히려 그 속에서 새로운 기회를 찾아야만 한다.
>
> * 최승우, 「기후 위기, 지금이야말로 골든 타임… '2도'가 임계점」, 『교수신문』, 2024.05.31. (방문일: 2024.12.30.)

3장. 표절과 글쓰기의 윤리

우리는 대학시절, 글쓰기의 과정에 대해 진지하게 배운다. 한 편의 글을 쓴다는 것은 결코 쉬운 일이 아니다. 글쓰기는 창의적 작업이자 매우 고통스러운 노동이기 때문이다. 글을 쓸 때에는 자신의 창의적 생각과 표현을 살리기 위해 애써야 하지만, 다른 사람의 글을 적절하게 참고하여 쓰는 것은 권장할 만한 일이다. 글을 쓸 때 참고자료 없이 쓰기란 매우 어렵다. 적절한 자료를 찾아서 자기 글의 소재나 예시 등으로 사용하면 글쓰기에 매우 도움이 된다.

이때 주의할 점이 자기가 찾은 자료를 적절하게 인용표시하고 출처를 밝혀야 한다는 것이다. 참고자료를 내 글에 인용할 때 인용표시를 하지 않으면, 대부분 '표절' 시비를 벗어나기 힘들다. 자료의 출처를 알리면 표절의 문제는 대부분 사라진다. 표절이란 무엇일까?

'표절(剽竊)'이란 다른 사람이 쓴 글의 문장이나 고유한 내용과 생각을 출처를 밝히지 않고 마치 자기가 쓴 것처럼 사용하는 것을 말한다. 다른 사람이 애써 쓴 글을 몰래 훔쳐 사용하는 것은 윤리적으로 비난받을 일일 뿐 아니라, 처벌을 받을 수도 있고, 때로는 법적인 책임을 지고 배상을 해야 할 일도 생기기 때문에 무척 주의해야 한다.

표절의 종류에는 글의 대상에 따라 자기표절과 타인표절로 구분할 수 있다. 자기표절은 자신이 이전에 썼던 글을 처음 쓰는 것인 양 출처를 밝히지 않고 재활용하는 것이다. 이것도 표절이므로, 하면 안 된다. 타인표절은 남의 글을 출처표시하지 않고 갖다 쓰는 것이다. 출처만 제대로 표시하면 대부분 문제가 안 된다. 표절의 범위는 아래와 같이 나눌 수 있다.

① 다른 사람의 글 전부, 또는 일부를 가져와 자신의 이름으로 발표한 경우

② 다른 사람의 생각이나 아이디어를 가져와 자신의 것처럼 제시한 경우

③ 다른 사람의 글에 사용된 중요한 개념이나 표현을 출처를 밝히지 않고 사용한 경우

④ 다른 사람의 말을 편집하거나 표현을 바꾸어 자신의 것처럼 서술한 경우

⑤ 그림이나 표, 사진 등을 허락 없이 사용한 경우

위에 써 있는 것처럼 남의 글, 표, 사진, 그림, 음악, 생각이나 아이디어는 물론이고, 누군가가 쓴 독특한 개념이나 문장표현도 저작권이 보장된다. 이것을 쓸 때는 원 저작자의 이름과 출처를 밝혀야 하며, 때로는 허락을 받거나 경제적 비용을 치르고 써야 한다는 점도 잊지 말아야 한다. 표절의 유형을 몇 가지로 나눠 살펴보면 다음과 같다.

(1) 내용표절

내용표절의 첫째 유형은 전체표절이다. 다른 사람이 쓴 글의 전부, 또는 글의 앞뒤만 조금 바꿔 그대로 복사해 쓰는 것을 말한다. 인터넷 블로그에 있는 글을 그대로 퍼오거나, 과제물을 사서 그대로 제출하는 것이 대표적 예다. 누구라도 전체표절을 한 사실이 밝혀지면 망신을 당하는 것을 물론이고 많은 불이익을 당할 것이다.

둘째 유형은 부분표절이다. 글을 쓰다가 다른 사람의 글에서 필요한 내용을 부분적으로 가져와 쓰는 것인데, 이것도 표절이다. 현재 표절 판단의 기준은 인용 표시 없이 '여섯 개 이상의 단어가 연속적으로 열거되는 경우'이다.

셋째 유형은 요약표절이다. 다른 사람이 쓴 글의 전체 내용의 핵심을 자신의 문장으로 요약해서 쓰는 경우다. 비록 문장표현은 바뀌었지만 생각은 앞선 사람의 것이니, 남의 글을 출처 표시 없이 요약해 옮기면 이것도 분명한 표절이다.

넷째 유형은 짜깁기이다. 몇 개의 글에서 필요한 내용들을 복사해서 뒤섞거나, 하나 이상의 글에 자신의 생각을 덧붙여 글을 쓰는 행위이다. 이것도 표절이다.

(2) 개념표절

개념표절은 기존의 글에서 독창적으로 사용된 단어나 용어를 함부로 사용하는 경우를 말한다. 아이디어 표절도 이에 포함시켜 논하기도 한다. 다른 사람의 중요한 생각을 표현한 개념어를 함부로 사용하면 안 된다. 다른 사람의 독창적 생각과 그것을 표현한 말은

존중되어야 하기 때문이다. 역시 누가 썼는지를 밝히거나 출처를 밝히면 된다.

우리 학계에는 한때 타인의 저서를 표절하는 행위, 다른 사람의 학위논문을 표절하여 제출하는 행위, 자신이 이전에 썼던 논문의 동일한 내용을 다른 지면에 발표하는 행위, 다른 사람의 논문을 짜깁기하여 발표하는 행위, 번역과 짜깁기로 저서를 출판하는 행위, 자신이 지도한 제자의 학위논문을 지도교수의 이름으로 발표하는 행위 등이 관행적으로 이뤄져 왔다. 시대가 바뀌어 이제는 이런 관행이 허용되지 않는다. 학생 때부터 이와 같은 부도덕한 연구 및 글쓰기 행위에 대해 엄중한 윤리의식을 가질 필요가 있다.

최근에는 문학 창작, 논문 집필, 음악, 광고, 컴퓨터 프로그램 등 다양한 분야에서 표절 행위로 인해 민·형사적 불이익을 당하는 일이 많아지고 있다. 저작권법에는 저작권을 보호하며 표절 행위를 처벌하는 조항이 명시되어 있다. 글을 쓸 때 저작권에 대한 인식을 명확히 하여 생각지도 못한 불이익을 받지 않도록 조심해야 한다. 아울러 대학에서 보고서나 논문을 쓸 때에도 표절은 범죄라는 인식을 갖고 써야 한다. 특히나 일부 인터넷 사이트에서 일어나고 있는, 보고서를 사고파는 행위는 명백한 범법 행위라는 인식을 해야 할 것이다.

요즘은 챗GPT, 제미니와 같은 생성형 인공지능을 활용해 질문을 입력하면 맞춤형 답안을 얻을 수 있는 시대이다. 이러한 문서는 중간 수준 이상의 정보를 찾아 조합하였으며, 일정한 형식과 구성력을 보여준다. 이렇게 생산된 문서를 표절이라고 해야 하는지는 명확하지 않다. 다만, 이러한 문서에 있는 내용에는 출처가 표시되지 않는 경우가 많으며, 개인의 수고와 시각, 창의성이 들어가 있지 않으므로 높은 가치를 인정받기 힘들다는 사실은 분명하다. 대학 시절에는 어떻게 하든 창의력을 높일 수 있도록 노력하는 것이 좀 더 나은 결과물을 얻는 길이라는 것을 경험하고 인식해야 한다. 창의적 글쓰기는 그만한 고통과 노력을 필요로 하며, 학생 때부터 이를 존중하는 습관이 들어야 창의적 콘텐츠를 중시하는 미래 사회에 잘 적응할 수 있을 것이다.

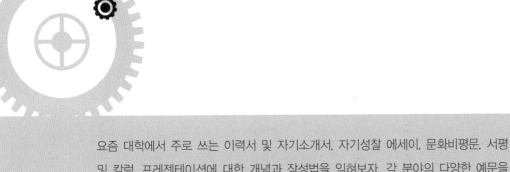

thinking and expression

IV

•

글쓰기의 실제

요즘 대학에서 주로 쓰는 이력서 및 자기소개서, 자기성찰 에세이, 문화비평문, 서평 및 칼럼, 프레젠테이션에 대한 개념과 작성법을 익혀보자. 각 분야의 다양한 예문을 통해 장르의 특징을 습득하고, 연습문제를 활용하여 자신의 생각을 정리하고 표현해 보자.

1장. 이력서

(1) 개념

이력서(履歷書)란 어떤 이가 살아오면서 이룩한 학업이나 종사했던 직업 따위의 발자취를 적은 문서이다. 이력서에는 본인의 공식적인 학력과 경력 등을 연차순으로 정리하며, 이는 취업을 준비할 때 가장 기초적으로 제출해야 하는 자료이다.

요즘 공기업을 중심으로 대졸 신입사원 채용 방식이 블라인드나 공정 채용 방식으로 변화하고는 있지만, 아직도 대부분의 기업체에서는 사원 채용 시 서류전형 단계에서 이력서를 기본적인 자료로 요구하는 경우가 많다. 그러므로, 대학교 졸업 후에 공공기관에 취업할 목표를 두고 있는 이들은 이력서를 작성하는 기본적인 요령을 숙지할 필요가 있다. 또한, 특정 전공 분야의 경우에는 대학 재학 중에도 발표회나 전시회, 각종 대회 등에 출전할 때 본인의 프로필을 제출하기도 하는데, 이 경우에도 이력서 양식을 유용하게 활용할 수 있다.

(2) 구성 항목

지원 분야에 따라 이력서 양식이 다소 상이할 수는 있지만, 공통적으로 들어가는 항목은 다음과 같다. 지원자의 현재 인적사항을 알 수 있는 성명, 사진, 주소, 연락처를 기재해야 한다. 다음으로 학력, 경력, 자격사항, 특기사항, 수상 경력 등을 연대순으로 제시해야 한다. 예전에는 주민번호 등을 기재하는 경우도 있었지만, 요즘에는 개인정보보호법이 시행되어 주민번호의 앞자리만을 기재하거나, 아예 기재하지 않는 경우도 있다.

(3) 작성 요령 및 유의사항

이력서는 공식적으로 자신에 대한 객관적인 정보를 제시하는 글이므로, 다음 사항에 맞추어서 정확하게 쓰는 것이 중요하다.

1) 허위 사실로 오해 받지 않도록 유의해야 하며, 각 항목을 사실대로 정확하게 기록해야 한다.

2) 학력과 경력은 연대순으로 기록해야 한다. 초등학교와 중학교의 학력은 생략하며, 고등학교의 경우에는 졸업 사항만 기입한다. 대학 및 대학원은 입학 및 졸업 사항을 모두 기입한다.

3) 경력 사항에는 군 복무, 어학 연수, 봉사 활동, 학생회나 동아리 활동, 아르바이트, 기업체 인턴, 입사 경력 등을 기재한다.

4) 자격 사항에는 취득한 자격증을 연대순으로 제시하면 된다. 자격증의 명칭과 발령청을 정확하게 기재한다. 양적으로 많은 자격증을 취득하여 무분별하게 나열하는 것보다는 지원 분야에 꼭 필요한 자격증을 취득하여 제시하는 것이 좋다.

5) 특기 사항 및 수상 경력은 본인이 지원하고자 하는 분야에 도움이 될 수 있는 특기 및 수상 경력을 위주로 제시하면 된다. 교내외 대회나 공모전 입상 내역 등을 주로 기재한다. 특히, 컴퓨터 활용 능력이나 특정 어학 실력이 요구되는 분야에 지원할 때에는 이와 관련된 특기사항이나 수상 경력을 제시하면 유리하다.

6) 이력서 인적 사항과 마지막 부분에는 자신의 성명을 기입하고, 자필로 서명을 하거나 날인을 한다. 이는 본인이 쓴 이력서의 내용에 거짓이 없다는 것을 확인하는 표시이며, 만약 허위 사실을 기재했을 경우에는 그에 대한 책임을 직접 진다는 뜻이다.

공정채용이란?

채용과정(서류·필기·면접)에서 편견이 개입되어 불합리한 차별을 야기할 수 있는 출신지, 가족관계, 학력, 외모 등의 항목을 걷어내고 지원자의 실력(직무능력)을 평가하여 인재를 채용 공정채용은 ① '차별적인 평가요소를 제거'하고, ② '직무능력을 중심으로 평가'하는 것

* 공공기관 공정채용 가이드라인 (2017.7. 관계부처 합동) (방문일: 2024.12.10.)

공정채용 프로세스

공정채용은 기존 직무중심채용 프로세스와 동일 (단, 모든 과정에서 차별적인 요소를 제외하는 활동이 추가)

채용설계	모 집	선 발

• 채용계획
• 직무능력 정의 및
  직무기술서 개발
• 전형설계
• 차별요소 결정
	• 채용공고
	• 모집과정 차별요소
	  삭제
	• 지원서 접수 관리
		• 서류, 필기, 면접 등
		• 채용과정을 통한
		  직무적합 인재선발
		• 구조화된 면접도구

* https://www.ncs.go.kr/blind/bl01/RH-102-001-01.scdo
(방문일: 2024.12.10.)

1 본인이 진출하고자 하는 분야에서 요구하는 인재상과 이력서 양식을 찾아보고, 필요한 항목을 정리해보자.

2 앞에서 정리한 내용을 바탕으로, 대학 졸업 후 앞으로 5-7년 후를 가정해서 나만의 〈상상이력서〉를 작성해보자.

(고등학교 졸업 및 현재까지의 학력과 경력, 수상 사항, 자격증 등은 사실대로 기입하되, 그 외 앞으로의 상황은 계획을 설정해 체계적으로 작성할 것. 원래 이력서는 상상해서 쓰면 절대로 안 되지만, 과제용으로만 허용함.)

3 본인이 취업이나 대학원 진학을 앞둔 4학년이라고 가정하고, 이력서를 작성해보자.

사 진			이 력 서		
	성 명		이정우 ㉖		**주 민 등 록 번 호** 20****
	생 년 월 일		2000년 3월 9일		
주 소			경기도 용인시 처인구 용인대로 000		
연 락 처	**휴 대 폰**		010-****-****	**이 메 일**	Leebin@hanmail.net
년 월 일			**학 력 및 경 력 사 항**		**발 령 청**
			〈학 력〉		
2019 02 11			○○고등학교 졸업		
2019 03 04			○○대학교 관광경영학과 입학		
2025 02 21			○○대학교 관광경영학과 졸업		
			〈경 력〉		
2019 03 20~ 2022 02 28			○○대학교 관광 동아리 정회원		
2019 07 01 08 30			○○랜드 퍼레이드 진행 요원		
2019 09 07~ 2021 04 18			육군 ○○부대 현역병 복무 (만기제대: 육군 병장)		
2022 03 02~ 2023 02 28			○○대학교 관광 동아리 회장		
2023 03 02~ 06 23			중국 난징대학교 교환학생		

년	월	일	학 력 및 경 력 사 항	발 령 청
			〈자 격 증〉	
2019	08	30	ITQ 엑셀, 파워포인트 자격증 취득	정보기술자격센터
2022	10	09	TOEIC 820점	ETS
2022	11	30	중국어 능력 시험 (HSK) 5급	중국국가한판
2023	11	03	한국사능력시험 2급	국사편찬위원회
2024	12	18	관광통역안내사 자격증 취득	한국산업인력 공단
			〈특기 사항〉	
2021	09	30	경기도 대학생 정책 아이디어 공모전 입상	
2022	06	15	○○대학교 교내 프레젠테이션 대회 입상	
2022	09	20	경기도 대학생 토론 대회 우수상	
2024	08	20	○○대학교 관광경영학과 성적우수장학금 수혜	
			위 내용은 사실과 틀림없습니다.	
			2025년 2월 25일	
			이정우 (인)	

4 최근 기업체에서 많이 사용하고 있는 표준이력서의 양식을 살펴보고 활용해보자.

표준 이력서(안) 및 자기소개서

〈필수항목〉

지원자 성명	한글	
	영문	

주소 (우편번호)

(현거주지)

연락처	전화번호	전화	휴대전화
	전자우편		

주요 경력사항	회사명	담당 업무(직무내용)	근무기간(연, 월)
			년 월 ~ 년 월
			년 월 ~ 년 월

자격증 및 특기사항	관련 자격증		(년 월 취득)
			(년 월 취득)

자기소개 등 활동사항	

취업지원 대상자 여부	보훈번호		

장애인 여부	장애종별	장애 정도	장애인 등록번호

저소득층 여부	구분	「국민기초생활보장법」상 수급자	「한부모가족지원법」상 보호대상자
	해당여부		

2장. 자기소개서

(1) 개념

자기소개서는 자신의 성장 과정, 성격, 경력, 특징 등을 남에게 공식적으로 알리기 위해 쓰는 글이다. 자기소개서는 진학, 입사, 구직 시에 공식적이고 객관적으로 자신을 소개하기 위해 작성한다. 특히, 취업을 준비할 때 이력서와 함께 기본적으로 제출해야 하는 서류 중 하나이다. 혹은 재학 중에 외부 장학금이나 교환 학생을 신청하거나, 공모전이나 발표회 등을 신청할 때에도 자기소개서를 제출해야 하는 경우도 있다.

이력서에서 본인의 이력을 연대순으로 단순 제시하는 것에 비해, 자기소개서에서는 업무 능력과 관련된 자신의 특장점을 구체적으로 제시해야 한다. 그러므로, 개성 있고 참신하게 자신의 특징을 드러낼 수 있도록 작성해야 한다.

(2) 구성 항목 및 작성 요령

지원 분야에 따라 자기소개서 항목이 다소 상이할 수는 있지만, 공통적으로 들어가는 요소는 다음과 같다. 성장 과정, 성격 소개, 학창 시절, 입사 지원 동기 및 포부, 해당 분야(업무상) 특기 사항 등으로 구분하여 그에 적합한 내용을 기재한다. 특히, 취업용 자기소개서를 쓸 때에는 채점자가 읽기 쉽도록 간결하고 명확하게 작성하되, 지원자의 특징이 최대한 돋보이도록 내용을 기재하는 것이 좋다.

자기소개서는 지원자의 상세 정보를 제시하는 글이므로, 다음 사항에 맞추어서 구체적으로 작성하는 것이 중요하다.

1) 성장 과정: 자신의 성장 배경 및 과정을 서술하는 부분이다. 누구에게나 적용되는 일반적이고 보편적인 내용보다는 자신만이 겪은 특별한 일화(에피소드)를 소개하는 방식으로 서술하는 것이 좋다.

2) 성격 소개: 본인 성격의 장·단점을 모두 서술하면서, 장점을 부각시키는 것이 적절하다. 이 경우에도 사회 생활을 하는 데에 유리한 대인 관계나, 긍정적이고 진취적인 측면에 초점을 맞추는 것이 좋다. 그리고, 막연한 표현보다는 구체적인 예시를 들어 제시하는 방식으로 서술한다. 또한, 약간의 단점을 제시하되 개선하려고 노력 중이라는 태도를 보여주어야 한다. 자칫 사회 생활에 지장을 줄 수 있는 단점은 제시하지 말아야 한다.

3) 학창 시절: 학창 시절의 주요 활동이나 진로를 결정하는 데에 영향을 주었던 계기 등을 제시한다. 주로 고등학교 시절의 경험은 대학의 학과를 선택하는 데에 영향을 주는 경우가 많고, 대학 시절의 경험과 활동은 대학원 진학이나 취업 등에 계기를 제공해준다. 구체적인 학과 행사 참여 경험, 동아리나 봉사 활동, 교환 학생 경험 중에서 본인의 진로 선택에 결정적인 영향을 준 에피소드를 제시한다.

4) 입사 지원 동기: 자신이 입사하고자 하는 기업체나 업무 분야의 지원 동기를 구체적으로 서술한다. 이 때 지원하고자 하는 기관이 추구하는 인재상이나 기업 정신 등을 미리 조사하여, 자신이 지원하고자 하는 동기와 해당 기관의 성격이 부합함을 강조하는 것이 좋다.

5) 희망 업무 및 포부: 자신이 희망하는 업무와 이에 대한 포부를 명확하게 제시한다. "무슨 일이든지 시켜만 주시면 최선을 다하겠다."는 식의 막연한 표현은 지양하고, 구체적으로 본인이 어떠한 역량을 발휘할 수 있는지를 밝혀야 한다.

6) 해당 분야(업무상) 특기 사항: 해당 분야에서 요구하는 구체적인 업무 능력을 본인이 갖추고 있음을 강조한다. 예를 들어 영업직이나 서비스 업종에 지원할 경우에는 원활한 의사소통 능력이나, 원만한 대인 관계를 부각하여 드러낸다. 그리고, 해외 비즈니스 업무를 담당할 경우에는 해당 문화권에 대한 기본적인 소양과 외국어 구사 능력을 필수적으로 갖추고 있어야 할 것이다. 또한 특정 분야의 기술직인 경우에는 전문 자격증을 취득한 부분을 강조한다.

(3) 작성 시 유의사항

자기소개서는 이력서에 제시하지 못 한 개인의 특장점을 개성 있게 제시하는 글이므로, 다음 사항에 맞추어서 작성하는 것이 중요하다.

1) 구체적으로 서술한다: 각 항목을 작성할 때에 특별한 부분에 초점을 맞추어 작성한다. 자신의 경험, 가치관, 적성 등이 상세하게 드러나도록 구체적인 에피소드를 활용하여 서술한다. 예를 들어 본인의 리더십을 강조하고 싶다면, 본인이 특정 집단에서 성공적인 리더십을 발휘했던 사례를 들어 제시하는 것이 효과적이다.

2) 진솔하고 성실한 태도로 작성한다: 자신의 특장점을 강조하다 보면, 자칫 지나치게 과장된 표현을 쓰거나 자랑을 늘어놓는 식으로 서술하게 되는데, 이는 오히려 역효과를 불러일으킬 수 있으므로 주의해야 한다. 솔직하고 겸손하게 표현하는 태도를 유지해야 한다.

3) 상투적인 표현 사용을 자제한다: 자기소개서는 모든 지원자들이 작성하는 것이므로, 상투적이고 일반적인 표현을 위주로 작성하면, 다른 이들과의 변별성을 찾기 어렵다. 개성 있는 자신의 특징을 인상적으로 표현하는 독창성이 매우 중요하다.

4) 객관적인 태도를 유지한다: 자신의 특징을 스스로 평가하다 보면 주관적인 판단에 사로잡히기 쉽다. 평소 타인이 자신을 어떻게 평가했는지 되새겨보고, 자신의 모습을 객관적인 어조로 표현하는 것이 필요하다.

5) 어법에 맞도록 정확하게 표현한다: 표준어, 맞춤법, 띄어쓰기, 적절한 어휘 사용, 문장 표현에 유의하여 어법에 맞는 정확한 표현을 해야 한다. 특히, 비속어나 신조어, 은어, 줄임말, 외계어 등의 사용은 자제한다. 그리고, 문장은 가급적 핵심이 드러나도록 간결하게 서술한다.

6) 제목이나 소제목을 활용한다: 전체 글의 내용에 적절한 제목이나 부제를 활용하면 개성 있고 인상적인 글을 쓸 수 있다. 각 내용별로 핵심어를 사용하여 소제목을 붙이는 것도 효과적이다.

자기소개서 작성 시 유의 사항 1

가. 진정성 있게 작성하자.
억지로 부풀린 내용이 없어야 하며, 설득력 있게 작성해야 합니다.

나. 직무를 먼저 이해해야 한다.
자신이 지원하는 직무에 대한 확실한 이해가 바탕이 돼야 합니다.

다. 인사담당자의 입장을 고려하자.
자기소개서를 보며 흥미나 호감을 느꼈던 지원자는 면접장에서 다시 확인해보고 싶은 생각이 들 수 있습니다. 읽는 이의 입장을 고려하여 읽기 편하게, 요점을 정확히 강조하여 작성합니다.

라. 주어진 항목에 적합한 답변을 하자.
기업이 알고 싶어 하는 성향, 역량을 파악하고 그에 맞는 적절한 답변을 해야 합니다.

마. 자기소개서는 면접의 근거자료다.
면접관은 자기소개서를 바탕으로 질문을 하게 됩니다. 이 때 질문을 통해 부풀리고 거짓된 내용이 발각되면 면접자를 불신하게 되니 진실만을 써야 합니다.

바. 나만의 이야기를 써라.
타 지원자와의 차이점을 알리기 위해 '나만의 스토리'를 작성하는 스토리텔링이 필요합니다. 즉, 자신이 업무를 수행할 준비가 되어 있음을 보여줄 수 있어야 합니다.

* http://www.work.go.kr/empSpt/empGuide/empTrend/selfIntroGuide.do (방문일: 2020.09.17.)

입사지원자 상위 10% 자기소개서의 공통점은?

기업 및 기관 상위 10% 입자지원자들의 자기소개서에서 '성과 창출' 역량을 나타내는 문장이 가장 많이 포함됐다는 조사결과가 나왔다.

21일 인공지능(AI) 자기소개서 평가 서비스 '프리즘'을 운영하는 무하유는 올해 상반기 292곳의 기업·기관 자기소개서 43만건을 평가한 결과, 상위 10% 입사지원자들의 자기소개서에 '성과 창출' 역량을 나타내는 문장이 가장 많이 포함됐다고 밝혔다.

프리즘은 자기소개서를 BP평가와 RP매칭으로 나눈다. BP(Best Person)평가는 자기소개서 문항을 적절하게 기입한 '잘 쓴' 자기소개서를 판단하는 기능이다. 6가지 요소(문항적합도, 지원자의 역량, 내용의 구체성, 문법적합도, 지원자의 스토리)를 기준으로 항목별 점수를 합산해 점수를 부여한다.

직무에 적합한 지원자를 평가하는 RP(Right Person)매칭은 채용공고 직무기술서 또는 국가직무능력표준(NCS)을 기반으로 지원자의 역량과 경험의 연관성을 분석한다. 기업 및 기관이 평가하고자 하는 주요 역량을 4~5가지 선정해 이에 해당되는 자기소개서의 영역을 추출하고 점수화한다.

자기소개서 43만 건을 BP평가한 결과 상위 10%로 평가된 지원자의 자기소개서에 반영되어 있는 역량은 1위가 '성과 창출', 2위가 '경쟁사 근무', 3위가 '협동성', '전문성'과 '교육'이 각각 4위와 5위를 차지했다.

정보기술(IT) 직무 지원자 자기소개서는 '실습'과 관련된 역량이 자기소개서에 가장 많이 작성됐고, 2위가 '교육', '성과 창출'은 3위로 나타났다. 이 외에도 '능력'과 '근무 경험'에 해당되는 내용이 들어가 있었다.

RP매칭 기능으로 평가했을 때도 BP평가와 동일하게 '성과 창출'이 상위 10% 지원자의 자기소개서에 가장 많이 반영된 직무역량이었다. 2위는 '실습', 3위 '교육', 4위 '적극성', 5위 '경쟁사 근무' 순이다.

다만, 영업직 지원자의 자기소개서에는 '경쟁사 근무'와 관련된 직무역량이 가장 많이 작성되어 있었다. 전체 영업직 지원자의 10%인 상위권 지원자는 모두 이 직무역량을 자기소개서에 기입했다.

* 최다은 https://www.hankyung.com/article/202207216787i, (작성일: 2022.07.21./ 방문일: 2024.10.31.)

자기소개서 작성 시 유의사항 3

AI가 대필한 '자소설' … 기업도 AI로 걸러낸다

생성형 인공지능(AI) 챗GPT가 작성한 자기소개서를 제출하는 지원자가 늘면서 기업들이 골머리를 앓고 있다. 삼성과 SK그룹 등 국내 주요 대기업들은 자체 개발한 표절 프로그램을 쓰거나 협력업체에 맡기는 방식으로 지원자들이 직접 작성한 자기소개서인지 여부를 검토하고 있다. AI가 써준 지원자의 자기소개서를 기업들이 AI로 걸러내는 형국이다.

10일 교육업계에 따르면 진학사의 채용 플랫폼 캐치가 취업준비생 1379명을 대상으로 '자기소개서 작성 시 챗GPT 활용 여부'에 관해 조사한 결과, 응답자의 60%가 '챗GPT를 활용한 경험이 있다'고 답했다.

생성형 AI를 직접 활용했다고 답한 취준생은 챗GPT의 자기소개서 작성 능력을 높게 평가했다. 챗GPT의 자기소개서 작성 실력이 '나보다 우수하다'고 답한 비중이 49%를 차지했고, '비슷하다'고 답한 비중도 35%에 달했다. 자기소개서 작성 과정에서 챗GPT의 도움을 가장 필요로 하는 분야로는 지원 기업 및 직무 분석(49%)이 꼽혔다. 초안 작성(28%)과 문항 분석(27%), 첨삭 요청(25%), 우수 사례 참고(8%), 글자 수 조정(1%)이 뒤를 이었다.

AI 자기소개서는 대기업 채용 전형에도 사용되고 있다. SK C&C는 하반기 신입사원 채용을 진행하면서 'AI 채용 에이전트' 시스템을 도입했다. AI 채용 에이전트는 서류 심사와 면접 과정에서 지원자가 보유한 장점을 집중적으로 파악해 알려준다. 필기시험에서도 AI를 활용해 지원자 문제 분석 · 해결 역량을 평가한다. 지원자는 제시된 문제의 의미를 파악하고 AI를 활용해 해결하는 방식으로 시험에 임하게 된다.

하지만 상당수 대기업은 AI 자기소개서에 불이익을 주는 것으로 조사됐다. 고용노동부가 지난해 매출액 기준 상위 500대 기업 중 315개 기업의 채용동향을 조사한 결과 챗GPT로 자기소개서를 작성한 사실이 확인됐을 때 감점(42%)이나 불합격(23%) 등을 준 곳이 많았다. 기업들은 구직자가 챗GPT로 작성한 자기소개서에 대해 '독창성 · 창의성이 없어 부정적'(64%)이라고 평가했다.

챗GPT가 작성한 자기소개서인지 여부를 파악하기 위한 분석 프로그램도 속속 출시되고 있다. AI 기반 표절검사 서비스 '카피킬러'를 운영하는 무하유가 대표적이다. 무하유의 GPT킬러는 자기소개서를 검토하는 과정에서 챗GPT가 작성한 것으로 의심되는 부분을 탐지한다.

AI 자기소개서가 쏟아지면서 기업들이 채용 과정에서 인성 · 역량검사 등의 비중을 늘려 채용 절차가 오히려 더 까다로워지고 있다는 분석도 나온다.

* 권용훈·강경주 https://www.hankyung.com/amp/2024091006001 (작성일: 2024.09.10./ 방문일: 2024.11.10.)

국경을 초월한 태권도 해외파견사범을 꿈꾸며

글로벌 태권도 수련생들과의 만남

제가 다닌 태권도장의 관장님은 국내외로 매우 유명하신 분입니다. 그래서 저는 중고등학교 시절부터 관장님을 찾아온 외국인 수련생들과 만나며 운동을 할 수 있는 기회가 많았습니다. 외국인 수련생들과 같이 훈련할 뿐만 아니라 제가 직접 그들을 가르치기도 했는데 그 때마다 외국인 수련생들의 비슷한 태도가 지금 해외파견사범을 지원할 생각을 만들어 주었습니다. 그들과 도장에서 같이 운동을 했을 때, 그들은 저에게 집중하고 사소한 것 하나라도 더 배워가려는 태도를 보여주었습니다. 남녀노소·국적·인종의 구분 없이 모두가 태권도에 대한 배움의 열정을 가지고 있었고, 제가 그들에게 기술 수행에 작은 도움이라도 주면 그들은 고마워하며 바로 기술을 습득하기 위해 열심히 연습을 하였습니다.

한번은 싱가폴에서 온 수련생에게 동작에 대한 이해를 돕기 위해 품새 동작의 쓰임과 용어를 설명해 준 적이 있었습니다. 그때 그는 펜과 종이를 가져와 제 말을 정리하며 연습했고, 유럽에서 온 한 수련생은 제 영상을 받아 개인 연습 시간 동안 영상을 보며 반복 연습을 하기도 했습니다. 그들을 가르치면서 전문 지도자가 된다면 저런 태도의 수련생들을 가르치고 싶었고, 이에 해외파견사범에 지원하게 되었습니다.

이성과 감성을 갖춘 리더십

지도자는 친절하면서도 객관적일 수 있어야 합니다. 저는 모든 상황에 적극적인 태도를 가지고 있지는 않지만, 남보다 한발 뒤에서 전체적인 상황을 판단하고 근본적인 해결책을 찾으려고 합니다. 예전에 외국인 수련생을 가르치던 중에 열심히는 하지만 자세가 높고, 흐트러지는 문제점을 계속 지적받는 수련생이 있었습니다. 그 학생에게 과거에 제가 겪었던 비슷한 문제를 알려주고 다음과 같은 구체적인 개선 방안을 알려주었습니다. 즉, 하체 근력이 부족한 수련생에게는 허리와 골반을 중심으로 한 하체 근력 운동 방식이 효과적일 것이라는 조언을 해주었습니다. 제가 나중에 해외파견사범이 된다면 냉철한 판단력으로 수련생들의 문제점을 발견하고, 이에 대해 실제적인 개선안을 제시할 수 있는 지도자가 되고 싶습니다.

태권도 지도자의 꿈을 심어주신 어머니

제가 태권도 선수의 길을 걷게 된 것은 어머니의 영향이 큽니다. 어머니께서는 예전에 도장에서 선수들을 가르치시는 지도자이셨습니다. 저희 남매를 키우시느라 전업주부가 되셨을 때에도 저와 동생의 승품 심사를 위해 집 뒤에 있는 성당 공원으로 데려가 품새를 바르게 외울 때까지 연습을 시키기도 하셨습니다. 야외 공간에 많은 사람들 앞에서 저희들을 연습시키셔서 나중에 저희가 승품 심사를 받을 때 떨리지 않도록 담력을 키워 주셨습니다. 잠시나마 어머니께 태권도를 배웠을 때, 성공할 때까지 포기하지 않는 끈기와 인내심을 배웠습니다. 이는 제가 지금 선수 생활을 할 때뿐만이 아니라 앞으로 지도자의 길을 걸을 때에도 꼭 지켜나가야 할 덕목이라고 생각합니다.

해외파견사범으로서의 포부

'서당 개 삼 년이면 풍월을 읊는다'는 속담이 있습니다. 중고등학교 때부터 많은 외국인 수련생들과 운동하고 그들을 가르치는 사범님의 모습을 보며 조금씩 따라했습니다. 그리고, 영어 등 외국어 공부를 열심히 하여 태권도와 관련된 기본 설명은 자신 있게 할 수 있습니다. 제가 파견사범이 된다면 제 전공인 품새를 살려 태권도의 기초부터 응용까지 차근차근 다시 쌓아갈 수 있게 도와줄 것입니다. 태권도의 바른 자세를 알고 동작의 쓰임, 동작을 표현하는 법, 정확한 위치, 힘을 효율적으로 사용하는 법을 익혀 숙련된다면 시합과 시범까지 나아가 지도할 수 있습니다. 제대로 배우고 싶은 열정이 있다면, 그들에게 제 경험과 지식을 공유하고 그들이 만족할 때까지 포기하지 않고 끝까지 달릴 수 있는 사범이 되고 싶습니다.

* 학생 글

예문 2   자기소개서

민중의 지팡이가 되는 그날까지

경찰을 꿈꾸기 전 저는 경찰이 범죄자를 잡으러 다니는 사람이라는 단편적인 생각을 갖고 있었습니다. 그런 인식을 바꾼 것은 중학교 3학년 때 한 할머니의 전 재산인 리어카를 찾기 위해 온 동네를 돌아다닌 경찰관에 대한 기사를 읽었을 때였습니다. 기사를 읽고 경찰은 꼭 드라마 같은 추격전을 치르지 않아도 시민들에게 작은 도움이라도 필요하면 달려가고, 위험한 상황에 나서서 책임을 다하는 멋진 직업이라는 것을 알게 되었습니다. 그래서 저도 누군가에게 행복과 믿음을 안겨주고 언제나 도움을 줄 수 있는 민중의 지팡이가 되겠다고 결심했습니다.

이 사건을 계기로 고등학교에 진학 후 경찰행정학과를 전공으로 하는 대학에 합격하기 위해 학업에 집중하게 되었습니다. 공부하고는 거리가 멀었던 중학생 시절을 보낸 후 고등학교에 올라와 공부를 하려고 보니 처음에는 힘들고 포기하고 싶을 때도 많았습니다. 그럴 때마다 부모님과 선생님의 격려로 꿋꿋이 공부를 하였고 노력한 만큼 성적이 점차 올라 제가 원하던 ○○대학교 경찰행정학과에 합격할 수 있었습니다.

고등학교 2학년 때 참가한 '나의 꿈 발표대회'는 꿈에 확신을 갖는 계기가 되었습니다. 대회에 참가해 형식적인 발표나 막연한 미래의 저를 상상해서 말하기보다는 색다른 방식으로 제 꿈을 많은 사람들 앞에서 공언하고 싶었습니다. 그래서 20년 뒤 우수 경찰이 된 저를 상정하고, 지금의 저처럼 경찰을 꿈꾸는 학생들에게 어떤 조언을 해줄 수 있을까 생각하며 특강 형식의 발표를 했습니다. 이 발표를 준비하면서 정의로운 경찰을 꿈꾸게 된 중학교 3학년 때부터 지금까지 노력해온 과정을 되돌아볼 수 있었습니다. 그 모든 시간을 모아보니 다시금 꿈에 대한 간절함과 믿음을 확신할 수 있었습니다. 또한 경찰이 된 미래를 생각하며 꿈을 더 구체화시키고, 한층 더 높은 목표를 꿈꿀 수 있게 되었습니다. 대회 날, 참가자 중 유일하게 대본 없이 발표를 하면서 너무 떨렸습니다. 하지만 준비한 발표 내용의 전부가 그동안 저의 노력으로 만들어진 진짜였기 때문에 떳떳하게 발표를 마칠 수 있었습니다. 대회가 끝난 뒤 '너는 꼭 좋은 경찰이 될 거다'라는 친구들의 진심 어린 격려 또한 저에게 큰 자신감을 불어넣어 줬습니다.

○○대학교 경찰행정학과에 재학하는 동안 경찰학개론, 형법, 민법, 행정학원론 등 경찰이 되기 위해 필요한 학문을 배웠습니다. 그 중에서도 〈경찰학 개론〉이라는 수업을 들으면서 우리나라 경찰의 역사와 경찰조직, 해외의 경찰조직의 구성, 경찰의 이념, 도덕성 등을 배웠습니다. 이 수업을 통해 경찰이 된 후 제가 가고 싶은 부서에 대해 깊이 있게 알게 되면서 경찰의 꿈에 한층 더 가까워졌습니다. 또한 여러 학우들과 함께하는 생활, 다양한 경험 속에서 리더십, 협동심 등의 여러 인성적 측면에서의 성숙도 이뤄낼 수 있었습니다.

저는 항상 일을 시작할 때 상대방을 먼저 배려하고 매사에 긍정적입니다. 그리고 대학 시절에 임원 활동을 하면서 리더십을 키워 사람들을 잘 이끌 수 있습니다. 또한 저는 사교성이 뛰어나 인간관계를 쉽게 형성할 수 있습니다. 다만 저의 꼼꼼함 때문에 일을 할 때 다소 오래 걸릴 때가 있는데, 저는 이 꼼꼼함이 나중에 실수를 만드는 것을 줄일 수 있다는 점에서 장점으로 생각하고 있습니다.

제가 경찰이 된다면 경찰청의 생활안전과에서 경찰의 길을 시작하고 싶습니다. 범죄예방부터 각종 안전사고 예방까지 경찰의 기본적이고 전반적인 업무를 책임질 것입니다. 또한 학교 전담 경찰관으로서 학생의 안전을 보호하고, 방황하는 청소년들이 바른 길로 나아갈 수 있도록 인도할 것입니다. 무엇보다도 시민들의 가장 가까이에서 근무하며 언제든지 도움을 청할 수 있는 경찰관이 되겠다는 포부를 항상 마음속에 새기며 그 다짐을 지킬 수 있도록 노력하겠습니다.

* 학생 글

1　나 자신의 특징을 발견하기 위해 다음 질문을 읽고 간단히 서술해보자.

(1) 내가 앞으로 하고 싶은 일은 무엇인가?

(2) 나는 무슨 일을 잘 할 수 있는 사람인가?

(3) 나는 어떤 가치관을 갖고 살아가고 있는가?

(4) 내 인생의 전성기는(혹은 위기는) 언제였나?

(5) 내 별명이 있다면(혹은 없다면) 그 이유는 무엇인가?

(6) 내가 닮고 싶은 혹은 존경하는 롤 모델은 누구인가?

2 다음 중 한 가지 유형을 선택하여 나만의 〈자기소개서〉를 작성해보자.

(1) 입사용 및 진학용 (취업 또는 대학원 진학용)
1) 성장 과정
2) 성격 소개
3) 학창 시절
4) 입사(대학원) 지원 동기
5) 희망 업무 및 포부
6) 해당 분야(업무상) 특기 사항

(2) 대학 생활 소개용
1) 내 인생의 전성기
2) 성격, 가치관 및 특기와 장점 소개
3) 대학 학과 지원 동기
4) 대학 생활 + 진로 계획
5) 내 인생의 역할 모델

(3) 기타: 자유로운 내용과 형식 (자아 성찰 및 탐색 등)

3장. 자기성찰 에세이

(1) 개념

자기성찰 에세이란 자기 자신을 글쓰기의 대상으로 삼아 쓰는 글로, 자기표현 에세이라고도 부른다. 우리는 자기 자신을 객관적으로 응시하며 있는 그대로의 자신을 인정하는 동안 종합적 성찰 과정을 거치며 자신을 한층 더 깊이 있게 이해하게 된다. '관찰 주체로서의 나'와 '관찰 대상으로서의 나'를 분리함으로써 나와 타인의 관계, 나와 세계의 관계 또한 성찰할 수 있게 된다. 따라서 자기성찰 에세이 쓰기를 통해 우리는 보다 성숙한 인간으로 성장할 수 있다.

(2) 작성 요령 및 유의사항

자기성찰 에세이를 작성하기 위해서는 우선 있는 그대로의 자기 자신을 관찰하는 태도가 필요하다. 그렇다고 해서 지금까지 겪었던 자신의 여러 경험을 에세이에 전부 나열할 필요는 없다. 지금까지의 많은 경험 중 자기 자신의 고유성을 구성하는 특별한 경험을 성찰적 에세이의 주요 글감으로 삼는 것이 좋다. 그러기 위해서는 자기 자신의 고유성이 무엇인지 생각해보고 그 고유성이 어떤 계기로 형성되고 발전되었는지를 돌아보는 것이 중요하다. 나에게 영향을 준 고유한 경험이나 사건은 찰나에 벌어진 것일 수도 있고 시간을 두고 서서히 경험된 것일 수도 있다. 해당 경험이나 사건이 자신을 어떻게 변화시켰는지를 차분히 생각해 보면서 자기성찰 에세이의 글감을 조직하는 일이 필요하다.

또한 우리는 주변의 타인과의 관계를 통해 성장하기도 한다. 가장 가까이에서 나에게 영향을 주는 대표적인 타인은 바로 가족이다. 혹은 가까운 친구나 선후배, 학창 시절에 만난 선생님과의 관계도 자기 자신을 변화시키는 계기가 된다. 따라서 나에게 영향을 준 타인과의 관계를 돌아보면서 자기성찰 에세이의 글감을 찾아보는 것도 좋은 방법이다. 그리고 때로는 다른 사람과의 관계에서 오는 부정적인 감정이 자기 자신을 변화시키기도 한다. 자기방어적 태도에 갇히지 말고 타인과의 관계를 객관적인 시각으로 다시 돌아보는 것 또한 진지한 자기성찰로 나아가는 중요한 태도다.

타인과의 관계에 주의를 기울여보는 일은 결국 자신을 둘러싼 세계와의 관계성을 회복하는 일과도 직결된다. 자기성찰 에세이는 자기 자신을 글감으로 삼는 에세이이므로 자칫 편협한 자아중심주의적 에세이로 오해되기 쉽다. 하지만 자기성찰 에세이를 쓰는 목적은 오히려 자아중심주의로부터 벗어나 보다 넓은 시각으로 자기 자신을 이해하는 것에 있다. 자기 자신의 경험을 객관적으로 다시 읽어봄으로써 자기 자신에 대한 인정과 이해에 도달하고, 이로써 삶의 가치를 성찰하며 세계와의 관계를 회복하는 것이 자기성찰 에세이 쓰기의 진정한 목적임을 기억해야 한다.

자기성찰 에세이를 쓸 때에는 비유를 사용해 보는 것도 좋다. 우리는 자신이 소중하게 생각하는 사물, 혹은 자신을 가장 잘 나타내주는 사물을 통해 자기 자신을 성찰해 볼 수도 있기 때문이다. 특정 사물의 고유한 특징과 자기 자신이 가진 고유성을 비교하고 이를 연결하면서 글을 전개해나가는 것도 좋은 방법이다. 그 과정에서 필자는 자기 자신을 한층 더 객관적으로 조망하고 이해할 수 있게 된다. 또한 혼자서 쓰고 읽는 일기문과 달리 자기성찰 에세이는 독자와의 소통을 목표로 하는 글이므로, 사물이나 대상을 활용한 비유를 사용해 글을 작성하면 독자의 공감을 얻기도 쉬워진다는 장점이 있다.

(3) 구성 내용

자기성찰 에세이는 다른 에세이들과 마찬가지로 서론, 본론, 결론의 삼단구성을 취하는 것이 일반적이다. 서론에서는 글의 전개 방향을 제시하고, 본론에서는 자기성찰의 내용을 서술하고, 결론에서는 해당 경험의 가치를 재확인하는 내용을 담는 것이 좋다. 특정한 사건 전후에 겪게 된 내면의 변화에 집중하는 자기성찰 에세이라면, 시간의 흐름에 따라 글을 전개하거나 혹은 시간의 역순으로 서술할 수도 있다. 대체로 글의 전반부에서는 자기성찰 에세이의 글감이 되는 경험이나 사건의 개요를 서술하고, 글의 후반부에서는 해당 경험이 자신의 인생에 미친 의미를 서술하는 것도 하나의 방법이다. 미리 계획한 글쓰기 전략에 따라 비교적 자유로운 구성을 취할 수 있으나, 주제의 통일성과 응집성을 반드시 유지해야 한 편의 완결성 있는 에세이를 완성할 수 있다. 또한 개성적인 문제를 활용하여 작성하면 보다 완성도 높은 자기성찰 에세이를 쓸 수 있다.

1 아래의 빈칸 중앙에 '나'를 키워드로 놓고 방사형 마인드맵을 그려보자. 떠오르는 키워드를 자유롭게 적고 키워드와 키워드 사이의 관계를 선으로 표시하면 된다.

2 아래의 빈 칸에 '나는 (   )이다.'라는 문장을 생각나는 대로 써보자. 예컨대 '나는 (학생)이다'처럼 괄호 안에 하나의 명사를 넣을 수도 있고, '나는 (쓰러져도 계속 일어나는 오뚝이)이다'처럼 수식어를 갖춘 긴 구절을 넣을 수도 있다. 무의식적으로 자기검열하지 않도록 제한 시간 안에 가능한 많은 문장을 써보자.

3 구체적인 사물과의 관계를 중심으로 한 자기성찰 에세이를 쓰려고 한다. 자신에게 특별한 의미가 있는 사물을 하나 선정하고, 선정 이유를 구체적으로 서술해보자.

4 아래 예문을 통해 자기성찰적 에세이의 특징을 살펴보자.

예문 1

화양연화: 인생에서 가장 아름답고 행복한 순간

나는 대학 생활을 '20대의 화양연화'라고 생각한다. 우리는 진정한 꿈을 찾기 위해 20대의 반절을 사용하고 있는지도 모른다. 대부분의 대학생들은 이제 막 사회에 첫발을 내딛는 나이이기 때문에 대학 생활을 통해 지식을 쌓고 다양한 경험을 하며 넓은 세상을 보는 시각을 키우게 된다. 나는 나의 20대를 의미 있게 만들어가고 싶다. 그러기 위해서는 어떻게 대학 생활을 꾸려나갈 것인지 고민하고 계획할 필요가 있다.

내가 '생명과학'이라는 전공을 선택한 이유부터 되짚어보고 싶다. 백과사전에 따르면 생명과학이란 '생명에 관계되는 현상이나 생물의 여러 가지 기능을 연구해 의료나 환경보존 등 인류복지에 사용하는 종합과학'을 말한다. 몇 해 전 인류에게 위협이 되었던 코로나 바이러스 역시 생명과학 분야에서 다루고 있고, 돼지열병이나 조류독감 등 생명체에 일어나는 모든 현상 또한 다룬다. 이렇게 생명과학은 의료 및 생태계 보존을 뒷받침해주는 중요한 학문이다. 그렇기 때문에 생명체나 생명현상에 대해 끊임없이 파악하고 이에 대해 질문을 던져봐야 하는 학문이다.

하지만 내가 경험한 현실은 그렇지 않았다. 취업에만 매진하는 학생도 있고 높은 학점을 받기에만 급급하여 수용적 사고만을 하는 학생도 있다. 과학에서는 무엇보다 창의력과 비판적 사고력이 중요하다고 생각한다. 맨델이나 리처드 도킨스 같은 인물들도 끊임없이 새로운 가설을 세우고 증명하며 지금의 과학을 이룩한 것이다. 그런데 우리는 생명과학을 탐구하는 것이 아니라, 그저 교과서 속 생명과학을 정독하려고만 하고 있다. 나도 마찬가지다. 생명과학을 이해하려고만 했지 탐구하려 하지 않았다. 주입식 교육에 익숙해져서일까? 하지만 대학에서까지 단순한 받아쓰기식 공부를 하고 싶지 않다. 나 스스로라도 내가 성장할 수 있도록 새로운 학습 방법을 구축해야겠다는 생각이 맴돌았다.

생명과학을 배우는 데 있어 가장 필요한 것은 '의문'이 아닐까 싶다. 만약 어떤 세포에서 분비된 호르몬이 특정 활동을 억제한다는 것을 배웠다면, '호르몬은 어떻게 운반되는가?', '호르몬이 운반하는 것은 무엇인가?' 등의 의문점을 계속 찾아가는 방식으로 공부하는 게 중요하다고 생각한다. 내가 찾은 의문점들에 대한 답은, 여러 참고 자료를 찾으며 끊임없이 탐구하는 과정을 통해 얻을 수 있을 것이다. 그리고 내가 찾은 답이 틀린 답일지도 모르지만 이후 지식을 더 쌓는 과정에서 새로운 의문을 생성해내며 처음의 답을 수정해 갈 수 있다. 나는 이러한 학습 방법이 나를 성장하게 만드는 발판이 되리라 생각한다. 알맞은 답을 찾기 위한 공부보다는, 질문을 찾기 위한 공부를 통해서 창의력과 비판적 사고력을 키울 수 있을 것이다.

그리고 대학에서는 전공 교과목 외에도 다양한 과목을 들을 수 있다는 점을 잘 활용하고 싶다. 나는 고등학교 시절 이과였기 때문에 문과 친구들과 시간표 자체가 달랐다. 나는 일반사회를 좋아하는 편이었는데 고등학교에서는 더 깊이 있게 배울 기회가 없었다. 대학에서는 원하는 강의를 선택할 수 있고 다양한 분야의 많은 지식을 접할 수 있다. 생명과학 전공 외의 다른 분야 강의도 적극적으로 수강하면서 내 질문의 그릇을 키우고 싶다. 20대는 자기를 계발하는 시기이니 말이다.

나는 아직도 나의 진로에 대해 고민하고 있다. 대학교에 입학하면서 전공도 결정했고 앞으로의 꿈도 어느 정도 그려봤지만, 여전히 미래는 불확실하다. 예전에는 막연하게나마 생명과학 교사가 되고 싶었지만, 앞으로는 '평생직장' 개념도 희미해질 것이고 지금도 전공과 상관없는 직업을 갖고 살아가는 사람이 많다. 그래서 나는 전공지식 하나만을 수동적으로 학습하기보다는 일종의 '마스터 키'를 다듬어야 한다고 생각한다. 내 전공도 중요하지만 내가 삶을 살아가는 데 있어 필요한 다양한 학문적 소양을 기르는 것이야말로 진정한 20대의 화양연화가 아닐까? 취업에 목매며 나 스스로의 성장을 방해하기보다는, 지금은 나를 위해 더 넓은 세상을 배워가는 것이 중요할 것 같다. 그렇기 때문에 나는 더 많은 지식을 배우고 싶다. 그러면서 더 많은 질문을 던져보고 싶다. 그러다 보면 내가 원하는 일, 내가 잘할 수 있는 일, 사회에 이바지할 수 있는 일을 찾게 되지 않을까?

*학생 글

(1) 위 글의 필자가 말한 '20대의 화양연화'의 의미를 정리해보자.

(2) 위 글을 참고하여 전공 공부의 의미를 성찰해보고 앞으로의 대학 생활을 계획해보자.

클립 비행기의 꿈

나는 작은 클립을 구부려서 무언가를 만드는 것을 좋아한다. 거창하게 말하면 취미라고도 할 수 있는데, 그렇다고 무슨 예술가처럼 멋진 것을 만드는 건 아니다. 공예 같은 것을 따로 배워본 적도 없다. 그냥 중학교 1학년 때쯤에 우연히 책상 위에서 발견한 클립을 가지고 놀다가 별 모양 같은 걸 만들었던 게 시작이었던 것 같다. 그 후로 흰색, 노란색, 초록색, 보라색 등의 컬러 클립을 사서 심심할 때마다 뭔가를 만들었다. 단순하게 하트나 별 모양을 만들 때도 있었고 가끔은 비행기나 토성 같은 걸 만들어보기도 했다. 클립 구부리기 실력이 날로 늘어갈 때쯤 어렴풋이 깨달았다. 나에게 친구가 없다는 것을.

누군가에게 지속적인 괴롭힘을 당하며 왕따가 된 적은 없지만, 그렇다고 딱히 친한 친구가 있는 것도 아닌 상태로 중학교, 고등학교 시절을 보냈다. 수능이 끝나자 친구들끼리 여행을 가는 애들도 있었다. 근데 나는 그 정도로 친한 친구는 없었다. 나는 일단 아르바이트를 해보고 싶었다. 그래서 동네 지하철역 앞 편의점에서 처음 일을 하게 됐다. 점장님은 엄청 좋은 분이셨다. 인생 얘기를 많이 해주셨는데 다른 회사를 다니다가 뒤늦게 대학에 다녔던 얘기나 자전거 타시는 얘기 같은 걸 많이 해주셨다. 그러면서 점장님은 "세상 경험을 많이 해봐. 세상 경험이라는 건 사람 경험이야."라고 하셨다. 내가 너무 소심해보여서 해주신 충고였을까? 밤새 편의점 아르바이트를 할 때마다 이상하게 그 말이 계속 머리에 남았다.

생각해 보니 나는 세상 경험이나 사람 경험을 별로 못 해본 것 같았다. 부모님과 사이도 좋고 화목하지만 형제가 없어서인지 우리집은 좀 조용한 편이고, 친구가 많지 않다 보니 나는 혼자 시간을 보낼 때가 많았다. 대학에 입학하면서 편의점 아르바이트는 그만뒀지만, 점장님이 말씀해주신 '사람 경험'이라는 표현에 확 꽂혀서 나는 그때부터 성격을 바꾸려고 노력했다. 그래서 대학에 와서는 친구들에게 인사도 먼저 하려고 노력했고 수업 시간에 토론할 때에도 용기를 내어 먼저 손을 들었다. 이렇게 노력하다 보니 내가 바뀌는 게 느껴졌다. 시야가 넓어졌다는 표현이 실감이 났다. 예전에는 그냥 내 일 하나에만 관심이 있었는데, 이제는 내 주변에 누가 있는지 둘러보게 되었고 주변 사람들이 무슨 생각을 하는지 관심을 갖게 되었다. 이런 게 세상 경험이고 사람 경험이구나 싶었다. 꼭 멀리 유럽으로 여행을 가야지만 새로운 경험을 하는 게 아니었다. 내가 지금 어디에 있든지 내 주변 세상에 관심을 갖느냐 갖지 않느냐에 따라 경험이 달라지는 것이었다.

지금까지의 나는 하나의 작은 클립이었던 것 같다. 나 혼자만의 작은 세계 안에서 별 모양도 됐다가 비행기도 됐다가 혼자 노는 클립이었다. 그런데 클립은 무한히 연결할 수도 있다는 사실을 깨달았다. 예전에 점장님이 말씀해주신 '경험'이라는 것은 클립을 연결하는 일이었다. 나는 대학에 와서 다양한 사람들을 만나면서 연결되는 기쁨을 느낄 수 있었다. 남은 대학 생활도 이런 경험들로 꽉 채워보고 싶다. 하나의 클립은 작디작지만 내가 만든 작은 클립 비행기를 세상과 연결하면서 더 큰 사람이 되고 싶다.

* 학생 글

(1) 위 글의 필자가 자신을 무엇에 비유하고 있는지 찾아보고, 비유의 효과를 분석해보자.

----

(2) 위 글을 참고하여 '나와 세계의 관계'를 생각해보자. 과거의 내가 세계와 어떤 관계를 맺었는지 성찰해보고, 미래에는 어떤 관계를 맺고 싶은지 서술해보자.

4장. 문화비평문

(1) 개념

문화비평문이란 문화텍스트를 감상하고 이해한 후 해석하고 평가한 글이다. 문화텍스트의 범위는 문화 현상 전반을 아우르는데, 추상적으로는 특정 시대에 유행하는 문화 트렌드(경향)나 이데올로기와 관련되기도 하고, 구체적으로는 특정 문화 작품에 한정되기도 한다. 구체적인 문화텍스트로는 영화, 연극, 뮤지컬, 드라마, 대중가요, TV·OTT 프로그램, 유튜브, 인스타그램, 웹툰, 컴퓨터 게임, 스포츠, 패션, 광고, 유행어, 축제 등을 들 수 있다.

(2) 작성 요령 및 유의사항

문화비평문을 작성하기 위해서는 우선 대상 텍스트를 꼼꼼히 읽고 정확하게 이해하는 능력이 필요하다. 해당 작품을 비평자가 정확하게 이해하고 정리해야 한다. 이때, 작품 내용을 단순 요약하는 차원이 아니라, 본인이 설정한 주제를 중심으로 논점을 세우는 것이 중요하다. 그리고, 작품 창작자의 작품 경향을 살펴보아야 하며, 창작 당시의 사회, 문화적 배경 등에 대한 정보를 파악해야 한다. 창작자의 기획 의도나 관점 등이 작품에 어떻게 투영되었는지를 살피는 일도 필요하다.

또한, 전달 매체와 장르의 특성을 꼼꼼하게 고려해야 한다. 예를 들어 동일한 작품이라 할지라도 웹툰을 원작으로 하는 작품이 드라마나 영화 등으로 각색된 경우에는 각 전달 매체의 특성을 고려하여 분석하여야 한다. 웹툰이라는 장르가 갖는 특성이 영상 매체인 드라마나 영화로 동일하게 구현되지 못 할 수도 있기 때문이다. 대중 가요를 분석할 때에는 노래 가사, 가창 방식, 리듬, 율동 등의 요소를 중심으로 분석할 수 있다. 만약, 대중가요를 현대시와 동일한 기준으로 비교 분석한다면 여러 가지 오류를 범하게 될 것이다.

　문화비평문을 쓰기 위해서는 유행을 감지하는 감수성이나, 시대의 흐름을 읽어내는 통찰력이 필요하다. 한 시대에 특정한 문화텍스트가 유행한다면 반드시 그와 관련된 사회 문화적인 배경이 존재한다. 일례로, 우리나라 청년 문화를 살펴보면, 예전의 동아리나 집단 문화로 청년층이 대변되었던 것과는 달리, 2000년대 이후에는 혼밥·혼술·아웃사이더 문화라는 새로운 경향이 나타난 것을 들 수 있다.

　이처럼 문화비평문은 특정한 이데올로기나 생활 방식, 문화 현상 등을 포함하며 그것을 단순히 개인적인 차원에서 감상하는 수준이 아니라, 특정한 문화 현상이 나타나게 된 사회 문화적인 맥락에 근거하여 의의가 드러나도록 작성해야 한다.

　그리고, 문화비평문은 비평자 본인의 시각으로 개성 있게 평가해야 한다. 이를 위해서는 해당 작품에 대한 기존 평가를 미리 살펴보는 작업이 필수적이다. 기존 평가와 동일한 견해를 반복해서 제시하기보다는 새로운 시각이나 방법론을 적용하여 비평하려는 태도가 필요하다. 그리고, 해당 작품을 분석하고자 하는 요소를 중심으로 구체적인 키워드를 도출한다. 주요 키워드를 비평문의 전체 제목, 각 장의 소제목 등으로 활용하면 보다 개성 있는 비평문을 작성할 수 있다.

(3) 구성 내용

1) 서론:

① 비평 대상을 선택한 동기
② 비평 대상 작품의 장르나 관련 사조 서술
③ 작품 창작자의 기획 의도와 작품 경향성 제시
④ 해당 텍스트를 어떠한 시각과 방법론으로 평가할 것인지 제시

2) 본론:

① 해당 작품의 전체 내용 간략 소개
② 비평자가 주로 분석 평가하고자 하는 요소의 특징 제시
　(예) 서사물의 경우: 인물·사건·배경·주제 등 분석 가능
③ 각 부분 서술 시 비평자가 인상적으로 보았던 부분에 초점을 맞추어 핵심을 드러냄

3) 결론:

① 비평 대상의 의의와 시사점 제시 (사회문화적인 맥락 감안)

② 해당 작품의 한계가 있었다면 간략하게 언급

    (전체 비평문의 의의와 가치를 훼손시키지 않는 범위 내에서 서술)

③ 관련 분야에 대한 전망 제시

④ 본론의 단순 요약이 아니라, 해당 작품의 의의와 가치를 강조하면서 마무리

1 주인공의 성장을 주제로 한 작품에 대한 문화비평문을 감상해보자.

예문 1

'미생'의 네 가지 미덕

〈미생〉은 10월17일 첫 회가 방송된 티브이엔 드라마로, 최고시청률 6%를 기록하며 연일 화제가 되고 있다. 장그래(임시완)는 프로 바둑기사로 키워졌으나 실패하고, '낙하산'으로 무역상사 인턴이 된다. 고졸 검정고시가 최종학력인 그는 직장생활은 물론이고 학교생활 경험마저 없는 탓에, 회사라는 조직에서 완전히 외톨이가 된다. 그러나 그는 자신의 실패를 '노력이 부족했던 탓'으로 규정짓고, 필사의 노력을 경주한다. 그는 바둑에서 익힌 전략과 전술을 바탕으로 점점 적응력을 키워간다.

〈미생〉은 〈이끼〉 등 조직의 생리를 무서우리만치 묘파해내는 윤태호 작가의 웹툰을 바탕으로, 입체감 있는 각색에 성공한 드라마이다. 영화를 보는 듯 빠르고 치밀한 연출에, 주·조연 모두의 연기신공이 놀랍다.

〈미생〉은 현실의 질감을 잘 살린 직장드라마인 동시에, 현실의 논리를 뛰어넘는 윤리를 담은 드라마이다. 〈미생〉을 리얼리즘과 휴머니즘을 동시에 지닌 드라마로 꼽을 수 있는 미덕을 꼽자면 다음과 같다.

첫째, 손쉬운 판타지의 길을 가지 않는다. 여느 드라마였다면, 인턴 팀 발표 시험장면에서 빼질거리던 동료 한석률(변요한) 대신 나선 장그래가 청산유수로 발표하는 모습을 보여주었을 것이다. 하지만 그것은 판타지이다. 발표를 준비하지 않은 장그래가 한석률보다 더 잘 하기는 어렵다. 대신 드라마는 장그래가 개인발표 장면에서 한석률을 넘어서는 모습을 보여준다. 카타르시스를 주기엔 더디지만 이편이 훨씬 현실적이다.

둘째, 쉽게 악역을 만들지 않는다. 초반에 장그래가 따돌림을 당할 때, 누군가 의식적인 따돌림을 행하는 것보다 각자 바쁘게 일하며 돌아가는 사무실을 장그래가 빙 둘러보며 "저런 암묵적인 일사분란함은 무엇을 얼마나 나눠야 가능한 것일까?"하며 생각하는 대목은 더 큰 외로움을 전달한다. 또한 드라마는 부분적인 다중시점의 차용으로, 다른 이들의 입장을 보여준다. 오 과장(이성민)에게도, 한석률에게도, 장백기에게도 그들만의 애환이 있다는 것을 드라마는 그들의 내레이션과 시점숏을 통해 보여준다.

셋째, 여성 직장인의 입장을 담는다. 첫 회에서 몸매가 드러난 옷을 입은 안영이(강소라)가 바이어에게 엉덩이를 잡히는 장면은 곧 이은 반전을 통해 반여성적인 시각을 반성하게 만든다. 흔히 여성들이 섹슈얼리티를 이용하려 든다거나, 성추행을 업무의 연장인 양 그리는 것은 여성 직장인들을 여전히 성적 대상으로 보는 시각에서 연유한 것이다. 드라마는 가장 유능한 인턴이었던 안영이가 남성중심적 부서에서 홀대당하는 모습이나, 육아로 힘든 신 차장의 모습을 통해 일과 가사를 양립할 수 없게 만드는 직장문화를 비판한다.

넷째, '살아남아야 한다'는 것 이상의 윤리를 보여준다. 밟고 밟히는 직장생활에서 살아남으려면 '호구'가 되지 않아야 한다. 그것을 겨우 터득한 장그래는 우유부단한 성격으로 거래처에게 '호구'가 된 박 대리를 도와 그를 위기에서 구한다. 그리고 "무책임해지세요"라고 조언한다. 장그래로 인해 용기를 얻은 박 대리는 정면으로 문제를 제기할 뿐 아니라, 자신의 책임을 다하는 방식을 통해 상생한다.

물론 이것조차 판타지일 수 있다. 장그래에게 인턴의 기회가 주어진 것이나, 오 과장처럼 속 깊은 상사가 있는 것이나, 정면승부로 상생의 길을 연다는 것 모두 판타지일 수 있다. 그러나 한 가지만은 분명하다. 장그래처럼 맑은 눈빛과 특별한 노력으로 다른 이와 스스로를 추동해낼 수 있다면, 거기엔 희미하나마 '나아가는 길'이 열릴 것이다. 미생이 아닌 완생에 다가갈 것이다.

* 황진미, 『한겨레신문』, 2014.11.07.

(1) 위 글의 제목에서 제시한 '〈미생〉의 네 가지 미덕'이 무엇인지 내용에서 찾아보고, 그에 대해 평가해보자.

----

(2) 〈미생〉과 같이 원작이 웹툰인 작품이 드라마나 영화로 개작되었을 때의 효과에 대해 논의해보자.

장그래를 보라

윤태호 작가의 동명 웹툰을 원작으로 한 드라마 〈미생〉에 대한 호평의 이유는 다양하다. 많은 이들이 이 드라마를 보며 자신의 직장생활을 떠올리게 된다는 측면이 그중 독보적이다. 직장생활을 하는 이들은 말할 것도 없고, 아직 학교에 있는 대학생들마저 '인턴'과 '비정규직 사원'이라는, 자신들이 곧 경험하게 될 세계를 미리 간접 체험한다. 수업 시간에 〈미생〉에 대한 감상을 물었더니 한 학생은 이렇게 말했다. "무서워요."

실제로 〈미생〉에서 '상사맨'의 일상은 하나의 전투처럼 그려진다. 그러나 이 전투는 바둑에서처럼 두 사람의 대결만으로 끝나지는 않는다. 위계서열의 맨 아래에 있는 장그래는 자신의 미숙함에 대고 발사되는 거친 언어의 총탄들을 맞으며 산다. 사원은 대리에게, 대리는 과장에게, 과장은 부장에게, 부장은 전무에게 '소리'를 듣는다. 모두가 아군이지만 동시에 적군이며, 계약을 성사시키는 작전 속에서 하나가 되지만 작전이 실패할 때는 처절히 깨진다. 회사는 전쟁터와도 같으며, 대중의 공감은 자신 역시 그 전쟁터에서 살아가고 있다는 데서 발생한다. 직장이든, 거리든, 대학이든 한국 사회는 그렇게 끝없는 전투가 벌어지는 하나의 거대한 전쟁터이기 때문이다.

〈미생〉이 그리는 이 직장 혹은 전장의 풍경은 '리얼'하지만, 그것이 그저 가혹한 방식으로 리얼하기만 하다면 이 정도의 공감을 얻지는 못했을 것이다. 〈미생〉에는 가혹함의 그물을 뚫고 발산되는 '휴머니즘'이 있다. 오 과장은 장그래에게 소리를 지르지만, 동시에 다른 팀의 상사들로부터 장그래를 보호한다. 안영이는 장그래의 진정성에 내심 끌리고, 장그래는 독백을 통해 약자로서 살아가는 심정을 절절하게 쏟아낸다. 한국인들이 흔히 말하듯, 직장생활 속 애환의 핵심은 결국 '인간관계'인 것이다. 드라마에 옥상장면이 자주 등장하는 이유는 그곳이 진짜 '인간관계'가 드러나는 공간이기 때문이다.

가혹한 직장생활과 따뜻한 휴머니즘을 결합함으로써 널리 공감대를 형성하는 〈미생〉은 사실 바로 그렇기 때문에 지극히 이데올로기적이기도 하다. 가혹한 전쟁터에서도 한줄기 인간미는 살아있고, 그것 때문에라도 우리는 이 험한 세상을 살아갈 수 있다는 어떤 체념 섞인 확신을 건네주는 것이다. 여기에 더해 〈미생〉은 신자유주의 시대에 널리 선전되는 가치를 체화하고 있기도 하다. 회사 내의 작은 부정에 민감하지만 큰 틀에서는 모든 것을 자신의 부족함 탓으로 여기는 주인공 장그래를 보라. "열심히 안 한 것은 아니지만 열심히 안 해서인 걸로 생각하겠다"는 그의 유명한 독백은 전형적으로 자본의 모순을 개인의 '열심' 문제로 환원시키는 자기계발론의 가치관을 드러낸다. 심지어 그의 이름은 '그래'(yes), 곧 우리 시대 자본이 외치는 긍정성 그 자체다. 고졸 검정고시 출신에 스펙도 없지만, '그래,' 열심히 하면 끝내 인정받을 수 있다는 것이다.

오 과장, 김 대리, 장그래로 이어지는, 시청자가 동일시하는 주인공들은 바로 그 '열심'과 '그래'의 정신으로 살아간다. 이들의 모습에 대한 애틋한 시선은 직장 바깥, 자본 외부에서 펼쳐질 수 있을 다양한 실험적 삶에 대해 상상할 여지를 차단한다. 우리 시대 자본주의가 생산하는 대중문화는 전쟁터와 같은 기업의 가혹함마저도 모두 개방하면서도, 동시에 사람들이 그 기업을 동경하게 만든다. 대중문화를 통해 자본의 모순은 이렇게 '공감'을 유발하며 '나의 부족함'을 돌아보게 하는 방식으로 공기 중에 녹아 사라진다. 씁쓸하게도, 드라마가 끝나고 실제 우리가 보는 현실은 '그래!'를 외치다 지쳐 자살을 선택하는 노동자들의 행렬이다.

* 문강형준, 『한겨레신문』, 2014.11.08.

(1) 위 비평문의 제목에서 '장그래'라는 주인공의 이름을 내세운 이유와 효과를 평가해보자.

----

(2) 위 글이 〈예문 1〉과 동일한 〈미생〉 드라마를 어떠한 관점에서 다르게 평가하고 있는지 비교 · 대조해보자.

푸르게 빛났던 그들의 청춘 이야기

청춘. 누군가에겐 그리움으로, 또 다른 이에겐 설렘으로 남겨질 수 있는 특별한 감정의 시기다. 필자 또한 지금 인생의 한 페이지에 새겨질 청춘을 기록하고 있으며, 오늘 소개할 작품 〈스물다섯 스물하나〉에서도 IMF시기 각자의 상처를 청춘이라는 이름으로 품고 살아가는 이들의 이야기를 다루고 있다.

국가의 경제 위기와 세기말, 세기초라는 흥미로운 시대 배경에서 조금은 특별한 사연들을 품고 있는 캐릭터들의 이야기들이 매력 있게 잘 어우러진 이 작품을 본인의 인생작으로 선정하고 추천하려 한다.

정지현 감독 X 권도은 작가, 두 번째 만남

이 작품은 방영 전부터 정지현 감독과 권도은 작가의 두 번째 만남으로 큰 기대를 모았다. 3년 전 종영한 드라마 〈검색어를 입력하세요 WWW〉의 감독과 작가가 다시 한번 합을 맞췄기 때문이다.

〈너는 나의 봄〉, 〈더킹: 영원의 군주〉 이후 로맨스 장르에 있어 입지를 다진 정지현 감독, 직전 작품에서 현대사회에 대한 강력한 통찰과 강력한 필력으로 시청자들을 사로잡았던 권도은 작가의 결합은 시청자들의 이목을 집중시킬 수밖에 없었다. 섬세하면서도 감성을 자극하는 특유의 연출과 함께 개성 넘치는 캐릭터들이 전하는 대사와 줄거리가 이번 작품에서도 돋보였다.

"니 꿈을 뺏은 건 내가 아냐. 시대지"

이 드라마는 시대에 꿈을 빼앗긴 청춘들의 이야기를 담았다고 할 수 있다. 이야기는 1997년 대한민국을 통째로 뒤 흔들었던 IMF 금융위기 시대에서 시작된다. 재정위기로 고교 펜싱부가 사라지게 되면서 국가대표 펜싱선수의 꿈이 위태로워진 나희도(김태리)와 아버지의 사업이 부도처리 되면서 대학을 중퇴하고 홀로 자립하게 된 백이진(남주혁) 모두 그 시대를 살아가는 사람들이다.

서로 다른 환경에서 자라온 둘의 만남 그리고 사랑. 서로가 서로의 꿈을 응원하며 시대가 남긴 각자의 상처를 아물게 하는 둘의 모습. 이러한 극중 인물을 바라보며 시청자는 이들을 응원하며 같이 성장하는 듯한 기분 좋은 느낌을 받는다. 또한 이 둘을 중심으로 뭉쳐진 태양즈(김태리, 남주혁, 보나, 최현욱, 이주명) 5명의 개성 넘치는 인물 조합은 이 작품의 매력을 돋보이게 하는데 한몫을 더한다.

20세기 말, 21세기 초, 그 시절 감성

이 드라마에 등장하는 소품들은 그 시절의 향수를 느낄 수 있는 간접경험의 기회를 제공한다. 작품에서 주가 되는 배경은 1990년대 후반에서 2000년대 초반이다. 극중 등장하는 세트, 소품, 의상들은 단지 그 시절 향수를 불러일으킬 뿐만 아니라 이 시기를 경험해보지 않은 시청자들 또한 자연스럽게 작품에 몰입하게 되며 작품 내 시대를 경험하게 된다.

또한 등장하는 소품들은 단지 일회성에 그치지 않고, 이야기를 이끌어가는데 중요한 역할을 수행한다. 희도(김태리)와 이진(남주혁)이 친해지게 되는 계기가 된 만화 풀하우스, 희도와 유림의 솔직한 마음을 털어놓는 수단인 PC통신을 예로 들 수 있다. 지금 보면 손발이 오그라들고 이해하기 어려운 감성일 수도 있지만, 그 시절의 모습을 엿보며 독특한 재미를 확실히 느낄 수 있는 부분이다.

찬란했던 그들의 스물다섯 스물하나

"청춘을 동경했지만, 때론 부정했고, 결국 그리워했다" 누구에게나 청춘이 가진 의미는 특별할 것이다. 아름답고 영원할 것만 같았던 청춘이었지만, 자신이 생각한 것과는 조금 다를 수 있었고, 시간이 지나고 보니 어딘가 필터가 씌워진 듯 아련하게 남겨지는 청춘. 극중에서 희도(김태리)와 이진(남주혁)이 보여주는 이들의 스물다섯 스물하나는 조금 특별했고 찬란하게 반짝였다.

이 둘의 이야기는 분명 특별하고 아름답지만, 누구에게나 하나쯤 소중하게 간직하고 싶은 청춘이 있을 것이다. 필자는 이 작품을 감상하면서 '청춘'이 가진 그 의미를 다시 한 번 생각할 수 있었다. 찬란하게 빛날 청춘을 꿈꾸고 있다면, 각박한 현실을 극복하고 싶다면, 반짝였던 청춘을 아련히 그리워한다면 거리낌 없이 이 작품을 추천해주고 싶다.

* 김한수 http://www.sideview.co.kr (작성일: 2022.12.19./ 방문일: 2024.11.01.)

(1) 위 글을 읽고, 드라마 〈스물다섯 스물하나〉의 주요 내용을 설명해보자.

(2) 위 작품처럼 청춘의 성장 이야기를 담고 있는 작품들의 특징과 의의를 이야기해보자.

---

2 다음 문화비평문을 읽고, 물음에 답해보자.

예문 1

직장 내 아웃사이더 꼭 잘못인가?- 자발적 아웃사이더를 위한 헌사

최근 취업포털 잡코리아에서는 직장인들의 '아웃사이더' 인식에 관한 설문조사 결과를 모아 보도자료 형식으로 발표하였다. 직장인 1,402명에게 질문한 결과, 전체 응답자의 37.4%, 즉 10명 중 3.7명 꼴로 자신을 직장 내 아웃사이더로 여기고 있음이 나타났다. 특히 이 중에서도 자발적으로 아웃사이더가 되었다고 응답한 이들의 비율은 33.0%에 해당하였고, 자의 반 타의 반으로 아웃사이더가 되었다고 응답한 사람은 57.1%로 나타나 결과적으로 현재 자신이 아웃사이더라고 응답한 사람 중, 내심 아웃사이더가 되길 원하는 마음을 조금이라도 가지고 있었던 이들의 비율은 무려 90.1%에 달했다. 원하지 않았지만 결국 아웃사이더가 되었다고 응답한 비율은 9.9%에 불과했다.

직장 내 개인주의, 혹은 '다양성'의 발로가 심상치 않은 듯하다. 집단주의 문화의 향기가 짙었던 불과 십수 년 전만 하더라도 개인>조직은 성립할 수 없는 구도였다. 개인은 집단의 일부가 되어야 했고, 집단의 번영과 존속을 위해 스스로를 감추거나, 기꺼이 희생할 수도 있다는 인식이 있었다. 그러나 개인주의 바람이 분 지 꽤 오래되었고, 급변하는 사회문화적 분위기도 예사롭지 않다 보니 직장 내 풍속도 역시 많은 변화를 겪고 있는 것으로 보인다.

평생 직장의 개념이 쇠퇴하고, 자신의 적성과 흥미, 혹은 여타의 개인적/환경적 변수에 따라, 경제활동을 시작한 사회초년생은 사회적 은퇴시기에 다다를 때까지 최소 몇 가지 이상의 서로 다른 일들을 경험해보며 돈을 벌 수 있다는 생각이 강해졌다. 처음 직장을 평생 직장으로 여기던 시절에는 '이직', '퇴사'라는 단어의 무게가 상당했지만, 이제는 충분히 고려할 수 있는 선택지의 하나로 자리잡아 가는 분위기다. 심지어 자신의 가치관 따라, 흥미 따라 살아가는 삶에 대한 동경이 사회적으로 줄을 잇다 보니 '이직', '퇴사'라는 단어에 '쿨함', '당당함', '행복', '소확행', '욜로' 등의 세련된 이미지들까지 붙었다.

수직적 위계질서나 보다 밀도 있는 규모에서의 단합, 협동심 등을 중시하는 '전통적인' 관료제 직장이라면 지금의 이 아웃사이더 현상이 반갑지 않을 것이다. 자기 할 일만 하고 쏙 퇴근하는 풍토가 고착화되면, 조직으로서 존재하기에 가질 수 있는 고유의 장점인 협력적 효율이 제대로 작동하지 못할 것을 우려할 것이다. 그런 직장에서라면 아웃사이더 현상을 일종의 '문제'로 여기려 할 것이다. 다음 스텝은 안 봐도 비디오다. 직원들이 왜 직장(일)에 흥미를 갖지 못하는지 걱정할 것이고, 어떻게 하면 협동심과 애사심을 길러줄 수 있을지를 고민할 것이다. (중략) 그러나 관점을 바꾸면 직장 내 아웃사이더 증가 현상이 마냥 부정적인 결과라고 이야기할 수는 없다.

사실 전제부터 위태롭다. 직장 내 아웃사이더 증가가 어째서 반드시 직장 내 협업의 감소 및 효율성 저하로 연결된다고 생각하는가? 다르게 생각하자면, 이는 협업의 소멸이 아니다. 단지 협업이 이뤄지는 방식과 목적이 기존과 달라지고 있다고 보는 것이 옳다. 수직적이고, 몰개성적이며 질보다는 양으로 밀어붙이던 기존의 방식 대신, 수평적이며 각자의 개성을 존중하는 한편, 양보다는 팀원 개개인의 고유 역량에 따른 업무 분배 및 시너지 효과를 유도하는 형태의 협업, 적당히 책임감과 의무를 나눠가지기에 그것에 개인이 지나치게 매몰되지 않으면서도, 부담이 덜 하기에 역설적으로 더 자유분방하고 홀가분한 몰입을 유도할 수 있는 형태의 협업. 그러한 새로운 형태의 협업이 가능해지기 위한 분위기가 조성되고 있다고 생각하면 어떨까? 그리고 이것이 기존의 방법보다 효율 면에서 더 낫다고 한다면? 이는 분명 사장님에게나 직원들에게 좋은 일이다.

한편, 사장님의 행복 공식과 직원들의 행복 공식이 서로 다를 수 있다는 점 또한 직장 내 아웃사이더 증가 현상을 마냥 부정적으로 볼 수 없는 또 하나의 이유가 된다. 직원들의 개성을 자르고 하나의 목표로 일치단결할 것을 강요하다보면, 어쩌면 사장님이 행복하고 직장이 배를 불리는 결과를 누릴 수는 있어도, 직원의 입장에서는 성취감도 잠시, 피폐함과 공허함, 그리고 막대한 피로와 스트레스성 질환들을 고된 노력의 결과로 받아들이게 될지도 모를 일이다. 그런 면에서 '회사가 잘되는 길'과 '내가 잘되는 길'을 어느 정도 구분하고, 아웃사이더를 자청하며, 알아서 자신의 행복을 찾아가려는 신(新) 직장인들의 모습은 어리석고 철없다기보다는, 야무지고 현명한 처사로 여겨져야 하는 것이 맞는지도 모른다.

("드디어 직장인들이 행복의 참 의미를 깨우치고 있다!")

행복은 유보될 수 없다. 그리고 스스로를 지우거나 희생해서는 결코 행복할 수 없다. 다수의 심리학 연구 결과들이 공통적으로 들려주는 교훈이다. 먼저, 나중에 행복하려면 지금 고생하고 벌어둬야 한다며 잦은 야근, 회식, 경직된 조직문화, 날 괴롭히는 직장 내 인간관계 등 다 참으려 하면 나중에는 행복 찾아 나설 체력이 남아날 수 없다. 상처뿐인 영광이다. 행복은 지금 내게 주어진 조건하에서, 최선을 다해 즐길 때 찾아오는 것이다. 나중에, 나중에 하다가 인생 즐기는 법을 까먹기라도 하면 어찌할 텐가. 노후가 되어 즐겁게 웃으며 떠올릴 추억 하나 제대로 남아 있지 않다면 얼마나 불행할 것인가.

또한, 행복과 가까운 심리학적 개념들로는 '자기(self-)' 시리즈가 주로 거론된다. 자존감, 자기효능감, 자기가치감, 진정한 자기 등등. 그런데 '아웃사이더'가 되지 못하고 직장에만 끌려다니게 되면 자신을 잃어버리는 것은 순식간이다. 그리고 자아가 실종된 상태에서는 행복을 찾아 나설 수 없다. 자신이 추구하고 있는 것은 도대체 '누구를' 위한 행복이겠는가. 답을 알 수 없을 것이다. 그래서 직장 내 아웃사이더들, 즉 자기 행복 공식을 찾아 나서는 사람들의 존재와 그 태도는 소중하다. 어떤 일에서나 마찬가지이겠지만 부디 '아웃사이더'들과 '사장님'들이 훌륭한 타협점을 찾아 나서기를 바라는 마음이다.

* 허용희 https://brunch.co.kr/@yonghheo/366 (작성일: 2018.08.07./ 방문일: 2019.01.10.)

(1) 위 글은 최근 문화 트렌드에 대한 비평자의 논평을 제시하고 있다. '자발적 아웃사이더'에 대한 비평자의 시각에 대해 정리해보고, 이에 대해 평가해보자.

(2) 우리가 속한 조직 문화의 특성을 감안하여 '자발적 아웃사이더'의 의의나 한계를 생각해보자.

지금은 '이지 리스닝(Easy Listening)' 시대

최근의 음악 시장은 화려한 기교를 추구하지 않는다. 세계 각지의 유명한 음악가들은 자신의 화려한 퍼포먼스를 전면에 내세우지 않고, 사람들이 편하게 들을 수 있는 음악을 만드는 일에 매진하고 있다. 2023년 빌보드 차트의 3위에 오른 영국의 싱어송라이터 '핑크팬서리스'는 ABC 뉴스와의 인터뷰에서 "노래가 2분 30초를 넘을 필요가 전혀 없다"는 발언을 한 적이 있으며, 이에 대중들 사이에서 작은 논쟁이 발생하기도 했다. 국내 음원 차트에도 이전보다 단순한 구성을 지닌 음악을 자주 찾아볼 수 있다. 이러한 현상에 비추어 보면, 대중은 간편하고 부담 없이 들을 수 있는 '이지 리스닝'의 시대를 살아가고 있다.

이지 리스닝 음악의 대표적인 작품으로, 먼저 아이돌 그룹 뉴진스의 음반 〈Get Up〉을 살펴볼 수 있다. 해당 작품은 대부분의 곡이 부드럽게 흘러가는 멜로디와 반복적인 가사를 중심으로 전개된다. 음반의 가장 큰 특징은 재생 시간으로, 6곡의 수록곡은 재생 버튼을 누른 후 12분 만에 마무리된다. 특히 간주곡에 해당하는 'Get Up'은 36초의 길이에도 불구하고, 특유의 입체감으로 청자를 사로잡는다. 한편, 가수 비비의 '밤양갱' 역시 이지 리스닝 음악의 특징을 잘 보여준다. 연인 사이의 이별을 다루는 보편적인 주제와 처음부터 끝까지 한국어로 이루어져 있는 가사는 청자에게 복잡한 사유를 요구하지 않는다. 그리고 편안한 피아노 반주가 잠시 멈추며 후렴구에 등장하는 '달디달고 달디달고 달디단 밤양갱'이라는 구절은 기억에 쉽게 남는다. 두 작품은 모두 국내 음원 차트에서 상위권에 도달했으며, 르세라핌의 'Perfect Night', 투어스의 '첫 만남은 계획대로 되지 않아' 등이 거둔 상업적 성과가 이지 리스닝 음악이 지닌 대중적 소구력을 증명한다.

　이지 리스닝 음악이 대중에게 주목받는 이유는 복합적이다. 이지 리스닝 장르의 확산에는 틱톡, 인스타그램 등의 영향을 배제할 수 없다. 2020년 전후로 숏폼(Short-form)이 유행하기 시작하며, 대중은 이제 하나의 작품에서도 가장 중독적인 부분만을 소비할 수 있게 되었다. 이에 음악은 다른 콘텐츠의 배경을 채우는 수단으로 소비되거나, 아예 짧은 시간에 가볍게 즐길 수 있는 형태로 변화했다. 이지 리스닝 계열의 음악은 두 가지의 소비 양상을 모두 포용할 수 있다는 점에서 SNS와 친화적이다. 실제로 유튜브와 인스타그램에서 밤양갱의 패러디 영상이 높은 조회수를 기록한 현상을 보면, 이지 리스닝 음악이 인터넷의 유머와 결합하여 파급력을 확장한다는 점을 알 수 있다. 대한민국 공군의 공식 채널에 올라온 영상 'BOMB양갱'은 정부의 군사 기관이 대중의 유행에 동조한 사례로, 주제 의식보다 재미가 우선이 되는 최근의 인터넷 문화를 체감하게 한다.

　한편으로, 이지 리스닝의 유행은 진지한 담론을 피해 가벼운 생활을 추구하는 현대인의 단편을 보여준다고 할 수 있다. 단순한 화음과 가벼운 가사 속에서 사회의 중요한 문제는 소거되며, 음악은 일상을 채우는 배경으로 작용한다. 하지만, 우리는 이지 리스닝 장르가 지닌 지속성을 무시할 수 없다. 이지 리스닝 음악은 감상할 때 피로감이 적어서 자연스럽게 반복적인 재생으로 이어진다. 재생수를 음원 성적의 기준으로 삼는 한, 이지 리스닝의 유행은 쉽게 사그라들지 않을 것이다. 이지 리스닝 음악은 이미 하루를 장식하는 무난한 소품으로 우리의 일상에 정착했다. 한 편의 이지 리스닝 음악은 어지러운 우리 일상에 쉼표 같은 존재이다.

* 조찬욱 https://blog.naver.com/chani8344/223680049299 (작성일: 2024.12.02./ 방문일: 12.10.)

(1) 위 글을 읽고, 이지 리스닝 음악의 특징과 흥행 요소를 분석해보자.

----

(2) 본인이 즐겨 듣는 음악과 이지 리스닝 음악의 공통점과 차이점을 비교·대조해보자.

----

3 최근 문화 트렌드와 관련하여 다음과 같은 화제로 문화비평문을 작성해보자.

① 청년 문화, MZ세대 문화, 캠퍼스 문화
② 언어 생활, 의사소통 문화, SNS, 생성형 AI 사용 문화
③ 대중매체(영화, 드라마, 웹툰, 예능 등) 프로그램의 최신 경향
④ 운동 경기 문화, 스포츠 관람 문화, 스포츠 과학 및 신기술 사용 문화
⑤ 기타 대중 문화의 경향

----

4 최근에 직접 본 드라마 · 영화 · 연극 · 뮤지컬 · 웹툰 · 공연 · 전시회 · 운동경기 등에 대해 문화비평문을 작성해보자.

5장. 서평

(1) 개념

서평이란 책을 읽고 난 후에 이에 대해 비평하는 글이다. 독서감상문이 책에 대한 주관적인 느낌을 중심으로 서술하는 개인적인 글인데 비해, 서평은 책에 대한 감상을 객관화하여 사회, 문화적 맥락에서 공론화하는 글이다. 즉, 책에 대한 주관적 감상에 머무르지 않고, 객관적으로 책에 대한 가치를 평가하는 성격을 지닌다.

(2) 작성 요령 및 유의사항

서평을 작성하기 위해서는 먼저 1차 텍스트인 책을 꼼꼼하게 읽어야 한다. 책 내용을 충분히 숙지한 후에야 비판적인 문제 제기를 통한 창조적인 책 읽기가 가능해진다. 저자가 책을 쓴 이유와 주제를 제대로 파악해야 그에 대한 객관적인 평가를 할 수 있다.

서평을 작성할 때에는 저자의 주장이 수록된 책의 내용과 서평자의 의견을 명확하게 구분해서 서술해야 한다. 자칫하면 저자의 주장을 마치 서평자 자신의 견해인 것처럼 서술하는 오류를 범할 수 있으므로 유의해야 한다. 책의 내용을 인용한 부분은 인용 표시를 정확하게 하여 서평자의 견해와 반드시 구분해야 한다.

그리고, 서평을 쓸 때 책의 내용을 단편적으로 나열하거나 요약하기보다는 서평자의 논리를 펴는 방식으로 서술하는 것이 좋다. 책의 핵심 내용만을 중심으로 쓰다보면 서평이 아니라, 단순하게 줄거리를 요약하는 글에 그칠 수 있으므로 유의해야 한다.

좋은 서평을 쓰기 위해서는 양질의 책을 선별할 수 있는 안목이 있어야 한다. 당대에 유행하는 베스트셀러라고 무조건 추종하거나, 서평자의 수준에서 이해하기 어려운 책을 정해서 저자의 의도를 왜곡한다면 바람직하지 않다.

(3) 구성 내용

1) 서론:

① 책이 나오게 된 배경과 저자의 문제 의식 제시
② 책에서 문제 삼고 있는 내용과 핵심 주장을 간단하게 언급
    (책의 머리말에 제시된 저자의 저술 의도 활용)
③ 서평자의 판단 기준 및 글의 전개 방향 제시

2) 본론:

① 책의 구성과 내용을 일관된 기준과 논리적 순서에 따라 설명
② 저자의 입장에 대해 분석한 후에 그에 대한 평가
③ 책의 주요 내용 제시와 특징 분석
④ 책의 구성 방식이 내용을 전달하는 데에 효과적으로 작용했는지를 평가하는 것도 가능

3) 결론:

① 책의 의의와 시사점, 혹은 한계를 사회문화적 맥락에서 평가
② 특정 시기에 유행하는 주제나 장르가 있다면 그것이 시사하는 의미 도출
③ 관련 분야에 대한 전망 제시

1 책에 대한 다양한 글과 평론을 읽고, 다음 물음에 답해보자.

예문 1

『철학이 필요한 시간』 머리말

저는 책을 읽는 독자이면서 동시에 책을 집필하는 저자이기도 합니다. 그래서 그런지 저는 책이란 무엇인가에 대해 자주 생각하는 편입니다. 어린 시절부터 저는 책이란 알지 못하는 누군가로부터 받은 편지와 같다는 생각을 자주 하곤 했습니다. 지금도 그렇지만 서점에 들러 새롭게 출간된 책들을 뒤적이다가, 제 마음을 동요시키는 책을 만나는 경우가 있습니다. 물론 모든 책들이 저를 설레게 하는 것은 아닙니다. 아주 소수의 책만이 저를 흔들어 깨웁니다. 이런 경우 누가 저의 마음을 엿보기라도 하듯이 저는 서둘러 책을 구입하여 서점을 빠져나옵니다. 그리고 조용한 카페에 가서 커피를 마시며 한 장 한 장 두근거리는 마음으로 책장을 넘기곤 합니다.

삶의 고뇌가 쌓인 만큼 타인의 고뇌가 읽힌다고 했던가요? 페이지마다 아로새겨진 알지 못하는 저자의 고뇌가 스펀지가 물을 흡수하듯이 제 마음에 젖어듭니다. 저자는 1,000여 년 전의 사람일 때도 있고, 어느 경우에는 저와 같은 시대에 살고 있으나 아주 먼 곳에 살고 있는 사람일 때도 있도 있습니다. 엄청난 시공간을 넘어 책이란 매체를 통해서 저자가 저와 접속되었다는 사실이 기적처럼 느껴지기도 합니다. 간혹 어떤 책은 저에게만 보내는 연애편지와 같다는 생각이 들기까지 합니다. 파울 첼란(Paul Celan, 1920-1970)이란 시인은 이렇게 말했던 적이 있습니다. 자신의 시는 "유리병편지(Flaschenpost)"와 같은 것이라고 말이지요.

아주 먼 곳에서 누군가는 외로움을 느낍니다. 물론 그의 외로움은 자신의 속내를 전해줄 사람이 없기 때문이지요. 마침내 그는 자신의 속내를 정성스레 글로 옮겨서 유리병에 담습니다. 바람이 바다 쪽으로 부드럽게 부는 날, 마침내 그는 유리병을 힘껏 바다에 던집니다. 먼 바다로 흘러가서 보이지 않을 때까지 그는 유리병을 지켜봅니다. 그러고는 어떤 사람이 자신의 유리병편지를 받을지 설레는 마음으로 집으로 돌아올 겁니다. 그가 바다에 던진 유리병편지는 수차례의 거센 폭풍우를 뚫고 어느 낯선 바닷가에 도달하게 됩니다. 이것도 다행스러운 일이지만, 아직 유리병편지에게는 남은 일이 있습니다. 모래사장에 올라온 유리병편지는 반쯤은 모래에 묻힌 채 누군가에게 발견되기를 기다려야 하니까 말이지요.

유리병편지는 누군가에게 발견되는 것에 만족할 수가 없을 겁니다. 편지를 보낸 사람이 진정으로 원하는 것은 자신의 편지가 누군가의 삶과 마음을 동요시키는 것이기 때문이지요. 만약 그렇지 않다면, 오디세우스와 같이 험한 바다를 방황했던 유리병편지는 자신이 도달해야 할 곳에 이르지 못했다고 할 수 있습니다. 이렇게 사라진 유리병편지는 얼마나 많을까요. 모든 것은 자신을 필요로 하는 사람을 만났을 때에만 그 빛을 발할 수 있는 법입니다. 결국 유리병편지는 편지를 보낸 사람과 편지를 받은 사람이 마음과 마음이 연결될 때에만 자신의 존재 이유를 실현할 수 있는 것이지요.

지금까지 저는 수많은 유리병편지를 받았습니다. 발신자는 스피노자, 장자, 나가르주나, 원효 등과 같은 철학자였습니다. 매번 편지를 받아 펼쳐볼 때마다 저의 고독과 외로움은 경감되었을 뿐만 아니라 저는 인간적으로 성장할 수가 있었습니다. 그 편지들을 통해 제 사유와 삶이 외롭지만은 않다는 위로를 받았으며, 동시에 제 속내를 표현하는 관점이나 기법도 아울러 배울 수가 있었기 때문입니다. 이제 저는 그들로부터 받은 행운을 다른 사람들에게도 전하기 위해서 오늘도 조심스럽게 편지를 적습니다. 그러고는 정성스레 유리병에 담을 겁니다. 가끔 저의 책들이 서점 서가에 꽂혀 있는 것을 부끄러운 마음으로 보곤 합니다. 과연 어떤 사람이 저의 유리병편지를 꺼내 읽어 볼까요? 그 사람도 저와 마찬가지로 들뜬 마음으로 책장을 넘겨보게 될까요?

* 강신주, 『철학이 필요한 시간』, 사계절, 2011.

(1) 위의 필자가 책을 선별하는 기준은 무엇인가? 본인은 어떤 기준으로 읽고 싶은 책을 고르는지 이야기해보자.

(2) 위 글에 쓰여진 '유리병편지(Flaschenpost)'의 의미를 서술해보자.

2011년 8월 9일 『자기계발의 덫』 독서일기

미키 맥기의 『자기계발의 덫』(모요사, 2011)은 1970년대 초부터 1990년대 말까지 『뉴욕타임스』 베스트셀러 목록을 오르내린 자기계발서를 검토하여, 우리가 무비판적으로 받아 삼킨 자기계발서의 정치적·경제적 이데올로기를 파헤친다.

자기계발서를 탐독한 독자들의 하나같은 푸념은, 지은이만 다를 뿐 내용이 비슷비슷하다는 것이다. 지은이는 이 점에 대해 "거의 모든 자기계발 서적은 상상력이 부족하고 다른 작품을 베껴 쓰는 것에 의존하기 때문에 새로운 어휘의 개발, 새롭고 진취적인 질문을 도출하는 데 기여하지 못했다."라고 맞장구를 친다. 많은 자기계발서는 항상 감사하라, 시간을 아껴라, 맡은 일에 충실하라, 신용은 무형의 재산이다 같은 성경의 잠언이나 고릿적 교훈을 정신의학이나 심리학과 같은 현대의 언어로 각색한다. 문제는 저런 처방이 개인을 극히 자율적이고 고립적인 존재로 가정한다는 점이고, 처방에 성공한 사람 역시 자율적이고 고립된 노력의 결과로 간주된다는 것이다.

자신을 바꾸라는 자기계발의 이데올로기는 자기계발의 필요를 느끼는 사람의 문제를 개인적인 자아의 문제로 축소하는 것으로 정치를 제거할 뿐 아니라, 가장 비정치적인 가능성에 혁명이라는 관념을 부여한다. 이런 식의 내면(정신) 혁명은 당사자가 겪는 결핍의 원인인 사회적·정치적·경제적 현실을 외면하게 만든다. 그러면서 많은 자기계발서는 당신의 인생을 예술작품으로 만들라는 은유를 채택하고, 못난 대중을 향해 예술가가 되라고 채근한다.

1990년대부터 미국 사회에 밀어닥친 신자유주의는 안정성을 악화시키고 실업률을 증가시켰다. 이때부터 자기계발서의 지은이들은 노동자는 단순한 임금 노동자가 아니라 노동의 즐거움을 통해 창조적 만족을 얻는 예술가라는 수상쩍은 자기계발 이데올로기를 퍼뜨렸다. 이들이 노동자에게 예술가라는 난데없는 은유를 뒤집어씌운 이유는 간단하다. 흔히 예술가는 가난을 두려워하지 않으며 경제적 보상에 연연하지 않고, 그저 일이 좋아서 열정을 쏟는 부류로 알려져 있다. 낭만주의 시대도 아닌 지금, 자기계발서의 저자들은 어느 예술가도 믿지 않을 저런 특성을 만성적인 실업과 구조조정 앞에 떨고 있는 임금 노동자들에게 들씌우고서 '당신들은 왜 예술가처럼 살지 못하냐?'고 힐문한다. 위선에 찬 이 거짓말쟁이들은 그런 해결책이 자본주의가 바라 마지않는 특성이라는 사실에 눈감는다. (중략)

지금까지의 논의는 자기계발서에 한정되었지만 자기계발 문화는 그보다 폭이 넓다. 구제금융기와 함께 인기를 얻었던 번지점프나, 명퇴(명예퇴직)가 일상화되면서 유행한 마라톤도 모두 자기계발 문화에 속한다. 번지점프가 요구하는 담력은 회사에서 잘려 생의 벼랑에 내몰리더라도 꿋꿋하게 살아가겠다는 초인적인 생존 본능을 키우고, 그와 유사한 마라톤 역시 '인생은 마라톤이다. 결코 누구도 원망 않고, 나만 의지해서 앞날을 헤쳐가겠다'는 강력한 개인주의적 의지를 표상한다. 다이어트나 성형수술은 말할 것도 없고, 극기 훈련 캠프의 융성이나 텔레비전의 극한 체험과 서바이벌 프로그램도 우리가 알게 모르게 소비하는 자기계발 문화다.

맥기는 자기계발서를 포르노그래피로 취급하면서도, 그것이 진보 담론을 잠식할 수 있었던 매력에 주목하라고 말한다. 진보 활동가들은 자기계발서가 입증한 보통 사람들의 안전과 행복에 대한 욕구에 민감해야 한다는 것이다. 『자기계발의 덫』은 서동진의 역작 『자유의 의지 자기계발의 의지』(돌베개, 2009)를 떠올리게 한다. 두 사람은 자유주의 국가가 점점 강압 수단에 덜 의지하는 대신 주체의 자발성을 통치와 접합한 좋은 예가 자기계발의 의지라는 데에 합의한다. 함께 읽기를 권한다.

*장정일, 『빌린 책, 산 책, 버린 책3』, 마티, 2014.

(1) 최근 유행하고 있거나, 직접 읽어본 자기계발서 책에 대해 이야기해보자.

----

(2) 위 글에서 제시하고 있는 '자기계발의 덫'의 의미를 파악해 보고, 기존에 본인이 생각했던 견해와 비교 · 대조해보자.

호모 헌드레드 시대의 건강한 식탁 – 진정성 있는 음식은 행복이다

23년 동안 기자 생활을 했던 뉴요커의 빌 버포드는 그의 저서 『앗 뜨거워』를 통해 음식 본연에 담긴 진정성을 전하고 있다. 2002년의 어느 날 버포드는 유명한 요리사 마리오 바탈리의 요리를 맛보는 기회를 갖게 된다. 그런데 그의 음식 맛에 푹 빠진 그는 기자를 그만두고 마리오 바탈리가 운영하는 레스토랑 밥보의 주방으로 들어가 허드렛일부터 배우기 시작한다.

『앗 뜨거워』는 그가 마리오 바탈리로부터 음식을 배우는 행복한 여정을 담은 책이다. 이 책의 뒷부분에는 빌버포드가 이탈리아의 토스카나에 가서 직접 돼지를 잡고, 그곳 사람들의 방식대로 음식을 만들고 즐기는 것을 경험하는 이야기가 나온다.

사실 이러한 경험이 있기 전까지 그는 2002년에 처음 마리오 바탈리의 요리에서 느꼈던 환상적인 맛을 그저 현학적으로만 받아들였었다. '아, 이탈리아의 암퇘지 고기는 이렇게 먹는 것이 제대로 먹는 것이구나. 그런데 미국 사람들은 음식 문화가 천박해서 제대로 된, 즉 드라이 에이징(dry aging, 첨가제를 사용하지 않고 온도로만 숙성시키는 방법) 방식으로 숙성시킨 스테이크를 먹는 게 아니고 향신료의 맛 때문에 고기의 맛조차 느낄 수 없는 맥도날드 햄버거를 즐겨 먹는다. 그런데 나는 이렇게 제대로 형식을 갖춘 환상적인 요리를 먹는다!'며 그것에 대단한 자부심을 느낀 것이다.

그런데 막상 토스카나에 가보니 그곳의 사람들은 음식의 재료와 조리에 정성을 쏟고 진정성을 담는 것이 너무나 당연하고 자연스러운 삶의 철학으로 자리 잡고 있었다. 그냥 형식으로서의 문화가 아니라 문화의 진정성을 알게 된 것이다.

그는 "진정한 도시인이라면 스테이크는 역시 드라이 에이징한 것을 먹어야 하고, 커피는 역시 핸드드립을 먹어줘야 한다"와 같이 아주 현학적인 방식으로 음식 문화를 받아들여서는 안 된다고 말한다. 음식은 그 원래의 문화가 가지고 있는 진정성을 이해하고 그것을 사랑하게 되면 아주 자연스럽게 식재료와 신선함에 대해 신경을 쓸 수밖에 없으며, 그래서 결국엔 로컬푸드를 할 수밖에 없다는 것이다.

음식의 맛을 결정하는 것은 유명 요리사의 현란한 요리솜씨가 아니다. 직접 재래시장에 가서 좋은 식재료를 고르고, 즐겁게 요리하는 정성스런 마음이 결국엔 음식에 배게 되고, 그것이 곧 음식의 향이 되고 맛이 된다. 그런 의미에서 본다면 냉동실에서 포장을 뜯어 전자레인지에 돌려 먹는 즉석식품, 냉동식품은 음식이나 요리가 아닌 그저 열량보충제와 같은 것이라고 할 수 있다. (중략)

머지않아 다가올 호모 헌드레드 시대를 맞아 우리가 고민해야 하는 것은 비단 개인만의 건강이 아니다. 혼자 텃밭에서 농사를 짓고 가축을 키워 자급자족할 것이 아니라면 건강한 식재료와 올바른 식생활이 사회 전체의 문화로 뿌리내릴 수 있도록 함께 고민하고 노력을 기울여야 한다. 또한, 우리의 건강을 위해서, 지구의 건강을 위해서, 그리고 도시를 위해 봉사하는 농

촌이 자생력을 회복할 수 있게 하기 위해서 도시인의 한 사람으로서 우리는 어떻게 행동하는 것이 올바른 것인지도 함께 고민해야 할 문제다.

* 정재승 외, 『미래를 생각한다』, 비지니스맵, 2012.

(1) 위 글을 읽고, 『앗 뜨거워』라는 책의 내용과 특징을 이야기해 보고, 서평자가 도출해 낸 시사점을 찾아보자.

(2) 『앗 뜨거워』라는 책처럼 실제 경험을 바탕으로 쓴 글을 찾아보자. 필자의 경험을 생생하게 담은 책이 갖는 강점을 이야기해보자.

즐겨라, 그러나 제대로 즐겨라 - 축제의 본질은 인간 해방이다

네덜란드의 역사학자 요한 하위징아(Johan Huizinga, 1872-1945)는 『호모 루덴스』에서 인간의 유희적 본성이 문화적으로 표현된 것이 축제라고 설명했다. 호모 루덴스는 '놀이하는 존재'라는 뜻으로 도구인 혹은 공작인을 뜻하는 호모 파베르와 대칭되는 개념이다. 도구인이 노동의 개념과 합리성을 함축하고 있다면 유희인은 놀이와 비합리성을 담고 있다. 하위징아는 놀이의 특성을 네 가지로 나눈다. 즉 자유, 상상력, 무관심성, 긴장이 바로 그것이다. 놀이는 자발적 행위라는 점에서 자유롭고 자유는 어떤 목적성 특히 유용성을 전제하지 않는다. 그저 재미삼아 노는 것뿐이다. 그 재미는 삶의 구체적인 용도에 맞춘 것이 아니다. 어떤 면에서는 일상의 삶에서 벗어나는 것이다. 그래서 실제적인 모습보다 온갖 상상력을 동원하여 즐거움을 배가시킨다. 그러니 구체적이고 유용한 어떤 목적도 없고 함께 노는 사람을 이해관계로서 보지 않는다. 무관심성이란 관심이 없다는 뜻이 아니라 이해가 없다는 의미이다.

그러면 긴장은 무엇인가? 젊은이들이 놀이나 축제에서 특별히 관심을 기울여야 하는 것은 바로 이 부분이다. 모든 놀이에는 상상력과 자유와 무관심성이 존재한다. 그런데 젊은이들의 놀이에는 실험성과 도전성이 담겨야 한다. 하위징아가 놀이에서 언급하는 긴장이란 다양하게 놀이를 결합하고 해체하며 재구성하는 과정을 통해 해결의 방식을 찾아내는 것이고 그것은 삶의 과정의 전형적인 모습이다. 즉 실험, 기회, 경쟁, 욕망, 끈기, 역량, 그리고 공정성을 자연스럽게 학습하게 된다. 또한 놀이를 통해 관계성을 습득한다. 그런 점에서 놀이는 사회적 방식의 끊임없는 변주이며 실험이다. 하위징아의 다음 말을 경청해보라.

"문화와 놀이의 관계는 차원 높은 형태의 사회적 놀이. 가령 한 집단 혹은 서로 대항하는 두 집단의 질서 정연한 행위 속에서 잘 드러난다. 혼자서 하는 놀이는 문화적 생산에 크게 기여하지 못한다."

지금은 예전보다 훨씬 놀이의 종류가 많아지고 다양해졌지만 관계성은 오히려 크게 쇠퇴했다. 누군가와 함께 놀려면 '관심-배려-성실'이 따라야 했다. 아무 때나 불러내서 놀 수 있는 게 아니다. 함께 놀고 싶은 친구의 생활 방식을 유심히 살펴야 하고 관심을 갖고 지켜봐야 언제 그와 놀 수 있는지 알 수 있다. 나만 좋아한다고 놀이를 정할 수는 없다. 상대도 좋아할 수 있는 놀이를 골라야 한다. 그러려면 상대가 무엇을 좋아하는지 관찰해야 한다. 그리고 놀이를 함께할 때는 반드시 약속을 지키고 규칙을 따르겠다는 상호 신뢰와 성실이 따라야만 놀이를 즐겁게 끝낼 수 있다. 술래가 되었다고 놀이 중에 집에 가버리면 다시는 함께 놀 수 없다. 그런데 지금은 각자 자기 방에 틀어박히거나 PC방, 게임방에 가서 전원을 켜거나 돈을 내면 언제든 내 마음대로 놀 수 있다. 함께 놀아줄 친구가 없어도 무방하다. 그렇게 우리는 놀이를 상실하고 있다. 하위징아가 "혼자서 하는 놀이는 문화적 생산에 기여하지 못한다."고 지적한 말을 명심해야 한다. (중략)

놀이를 하나의 문화로 만들어낸 것이 축제라고 할 수 있다. 하위징아가 "놀이는 문화의 한 요소가 아니라 문화 그 자체가 놀이의 성격을 가지고 있다."라고 정의한 것을 바탕으로 볼 때 축제는 놀이 그 자체이다. 그래서 축제만큼 직설적이고 즉각적인 문화는 흔치 않다. 그 기간 동안 인간은 완전한 해방감과 충일감을 만끽한다. 하지만 단순히 감성적이고 육체적인 이완과 여유를 만끽하는 것만은 아니다. 그 속에서 자연스럽게 자신의 삶의 방식, 관계의 내면, 세상의 규칙 등을 검토한다. 그것이 자신의 삶으로 녹아날 수 있도록 하는 추동력이 바로 축제의 힘이다.

* 김경집, 『청춘의 고전』, 지식너머, 2014.

(1) 『호모 루덴스』에 제시된 놀이의 특성을 정리해 보고, 우리가 평소에 생각하던 '놀이/축제'의 특성과 비교 · 대조해보자.

----

(2) 위 글을 읽고, 요즘 우리의 놀이(축제) 문화의 특징과 문제점을 생각해보자.

거주하기와 이동하기

권혁래의 『문학지리학의 이론과 해석』은 문학지리학적 연구방법을 적용해 다양한 고전 텍스트를 분석한 책이다. 다루고 있는 텍스트의 면면만 보더라도 고려 말 사행시에서부터 조선시대 한시와 야담, 전란 서사, 조선후기 역사소설에 이르기까지 그 발표 시기도 다양하고 장르도 다채롭다. 이 방대한 고전문학 텍스트를 한데 묶을 수 있었던 것은 문학지리학이라는 방법론 덕분이다. 문학지리학은 "문학작품에 그려진 공간 또는 장소가 실제 지리와 어떠한 연관을 맺고 있는가를 질문하고 탐구하는 연구방법론"이다. 문학 속 공간의 이미지나 장소성을 분석했던 문학연구자들의 작업과, 특정 장소에 대한 문학적 기록이 실제 장소와 어떤 영향을 주고받았는지를 분석했던 지리학 연구자들의 작업이, 저자가 주목한 다양한 고전문학 텍스트를 매개로 만나 함께 운동한다. 우리는 여기에서 학제간 융합 연구라는 오래된 새로움을 다시 만난다.

전체 5부 18장으로 구성된 이 책의 1장은 문학지리학이라는 연구방법론에 대한 설명과 선행연구 검토 작업을 하고 있다. 이어 2부부터 4부까지는 다양한 텍스트 연구를 보여준다. 2부에는 한국고전문학 속 주목할 만한 경관과 그 속에서 활약하는 인물 형상, 그리고 유민 형상을 검토하고 있다. 또한 중국 산동반도로 향하는 해로사행록에 그려진 구체적인 사행 노정과 주변 정황, 그리고 사신이었던 권근, 정몽주, 홍익한 등의 내면 풍경에 주목한다. 이와 더불어 상업 도시 개성의 경관이 13세기 초부터 20세기 초까지의 다양한 고전문학 텍스트에서 어떻게 그려지고 있는지, 19세기 말 간도의 경관은 어떻게 기록되어 있는지 등을 함께 살피고 있다. 3부는 임진왜란 포로로 잡혔다 돌아온 인물의 체험담이나 조선후기 전쟁소설 등에 주목해 전란을 다루는 텍스트 속 동아시아 문학공간을 검토하고 있다. 이어 4부에서는 조선후기 역사소설 속 귀환 서사가 공간과 어떻게 결합하고 있는지를 면밀히 살피고 있어 흥미롭다. 마지막 5부는 고전문학 텍스트에 그려진 문학공간을 문화콘텐츠와 어떻게 연결할 것인지를 그려보는 모색 작업이 펼쳐진다. 특히 디지털 미디어를 활용한 지역문화콘텐츠 개발 방안을 논한다는 점에서 문학연구의 새로운 실천 가능성을 보여준다 하겠다.

또한 필자는 여러 차례의 답사를 통해 각각의 텍스트에 기록된 인물들의 여정을 검토하여 실제 지리학적 사실과 같고 다른 부분을 점검하는 작업을 수행한다. 기존의 문학연구는 문학 속 공간을 하나의 표상으로 이해하여 재현 분석의 차원에서만 독해해 왔다면, 저자는 지리학의 연구방법을 문학 연구에 적용한 것이다. 특히 그 점을 잘 보여주는 것이 제3부 2장 '『북정록』을 통해 보는 흑룡강원정의 노정과 경관'이다. (중략)

요컨대 이 책은 세 가지 면에서의 새로움이 있다. 문학지리학이라는 연구방법론을 소개하고 적극적으로 도입함으로써 고전문학연구의 새로운 모델을 보여주었다는 점, 넓게는 '동아시아 문학공간'이라 명명할 수 있는 일대 공간을 의미화하고 있다는 점, 그리고 마지막으로 문학공간에 대한 학제간 이해를 발판으로 삼아 융복합 콘텐츠 활용 방안을 모색하고 있다는 점이다.

차례로 문학공간을 해석하는 방법론 소개, 해당 방법론을 적용해 발견한 공간에 대한 의미화, 그리고 이에 대한 활용 방안까지 담고 있는 것이니, 책이 근 600페이지에 달할 수밖에 없는 이유가 새삼 수긍이 된다.

* 김나현, 『아시아문화학지』 제3집, 용인대학교 아시아문화연구소, 2024.

(1) 위 서평에서 서술한 문학지리학의 개념을 정리해보고, 『문학지리학의 이론과 해석』 이라는 책의 세 가지 특징에 대해 요약해보자.

---

(2) 위 내용처럼 공간이나 장소성이 중요한 작품을 찾아보고, 그 특징을 논의해보자.

---

2 최근 읽은 책에 대해 간단한 서평을 작성해보자.

　(1) 범위: 본인이 최근 읽은 다양한 분야의 책 (좋은 글의 요건을 갖춘 텍스트 선별)

　(2) 작성 방법: 글의 내용을 요약하고 평가하기
　　－ 내용 요약 500자 내외＋ 인상적인 부분(문제 제기) 500자 내외＋분석 및 본인 평가 500자 내외(띄어쓰기 포함)

　(3) 유의사항: 본인이 작성한 글에 적절한 제목 붙이기, 본인이 참고한 글의 출처를 정확하게 밝히기

6장. 칼럼

(1) 개념

칼럼이란 시사적인 현안(懸案)이나 사회 현상에 대해 논평하는 글이다. 시사평론·시론이라는 용어로도 일컬어진다. 사회적으로 이슈가 되고 있는 문제에 대해 글쓴이의 시각이 분명하게 드러나는 특징을 지닌다. 현 시대에 크게 화제가 되고 있는 사안에 대한 글쓴이의 입장과 주장이 뚜렷하게 나타난다.

사설(社說)이 사회적인 이슈에 대해 신문사 전체의 견해를 익명으로 제시하는 하는 것에 비해, 칼럼은 집필자의 주관적인 의견을 자신의 이름(실명)을 내세우고 제시하는 차이점이 있다.

(2) 작성 요령 및 유의사항

칼럼을 작성하기 위해서는 시사적인 문제에 관심을 갖고 비판할 수 있는 능력이 있어야 한다. 사회에서 일어나는 문제에 대해 피상적으로 보지 않고, 사안의 원인과 결과를 탐색해 보려는 태도가 필요하다. 그리고, 여론에 휩쓸리지 않고 자신만의 관점으로 사안을 파악할 수 있어야 한다.

칼럼을 쓰기 위해서는 사안과 관련된 사전 정보와 지식을 확보하는 것이 중요하다. 특정 사건과 관련된 신문 기사나 사설 등을 정독하여, 사건의 흐름을 종합적으로 파악할 필요가 있다. 그 과정을 통해 발생 원인을 분석해보고, 실현가능한 대안을 모색해본다.

다른 장르의 글과 마찬가지로 칼럼에서도 독자의 관심과 호기심을 불러일으키는 것이 매우 중요하다. 해당 사안이 왜 중요한지, 무엇이 문제인지를 독자의 입장에서 공감할 수 있어야 집필자의 문제 제기나 주장도 설득력을 가질 수 있다. 독자의 관심을 유발하기 위해서는 보다 신빙성 있는 자료를 제시하는 것이 바람직하다. 예를 들어, 공신력 있는 기관에서 조사한 통계 자료, 역사적인 교훈을 남긴 사건, 전문가나 선인들이 남긴 명언 등을 활용하면 효과적이다. 무엇보다도 동시대인들에게 문제의 심각성과 중요성을 인식시키는 것이 중요하다. 또한, 문제에 대해 부정적인 비판만 하고 전망을 제시하지 않는 칼럼은 독자에게 허무감을 줄 수 있으므로 유의해야 한다.

특히, 사회적인 문제에 대해 본인의 이익과 관련되지 않는다고 외면하거나, 우물 안 개구리 식으로 자신이 알고 있는 선입견만으로 사안을 재단하려는 태도는 지양해야 한다. 본인이 이미 알고 있거나 경험했던 사실만을 기준으로 사안을 평가하게 되면, 문제의 핵심이나 영향을 정확하게 파악할 수 없게 된다. 예를 들어 사회적 소수자와 관련된 문제가 발생했을 때, 본인은 남성이거나 비장애인이므로 여성이나 장애인 문제를 외면한다면 문제의 본질을 올바로 파악할 수 없을 것이다.

(3) 구성 내용

1) 서론:

① 시사적인 현안과 관련된 문제 제기
② 최근 이슈가 되었던 사건이나 뉴스 등을 제시하면서 독자의 관심과 호기심 환기
③ 사안의 심각성을 강조하면서 주제 선정 이유 제시

2) 본론:

① 특정 사건이 진행되어 온 과정 간략 서술, 쟁점의 원인 분석
② 사건으로 인해 발생한 결과나 영향 제시
③ 사건에 대한 집필자의 입장이나 주장을 구체적으로 서술
④ 자신이 제시한 문제에 대해 실현가능한 대안 모색

3) 결론:

① 문제에 대한 대응 방안이나 해결책 강조
② 앞으로의 전망 제시
③ 논리적인 비약 없이 통일성 있게 글을 마무리하는 것이 중요

1 최근 사회적으로 이슈가 되고 있는 사건에 대한 칼럼을 읽고, 다음 물음에 답해보자.

예문 1

사이버렉카가 협박범이 되어가는 과정

최근 사이버렉카 관련 사건 사고가 여럿 터지고 있다. 도로에서 사고가 나면 바로 달려드는 '렉카'(견인차)들처럼 이슈가 터질 때마다 몰려들어 사이버상에서 조회수를 올리는 사람들을 사이버렉카라고 부르는데 특정 이슈에 대해 다루는 모든 행위를 그렇게 부르는 건 아니고 주로 특정인을 콕 찍어서 폭로하거나 비난하는 형태의 콘텐츠를 특히 사이버렉카라고 부른다.

여기서 흥미로운 점은 문제가 되고 있는 사이버렉카 채널들은 대개는 한때 정의의 사도, 자경단 등의 이미지를 갖고 있었다는 점이다. 개중 어떤 채널은 부산 서면 돌려차기남의 신상을 법적 절차를 거치지 않고 먼저 공개하는 행위로 많은 논란을 낳았지만 주로 응원하는 의견이 우세했었다. 또 어떤 채널은 억울한 사람을 구제한다는 의미의 채널명을 가지고 있기도 하다.

그런데 한때 정의의 사도였던 이들이 왜 지금은 누군가를 협박해서 돈을 뜯어내고 사기를 치고 있는 것일까. 그 사이에 심경의 변화라도 있었던 것일까? 사실 정의의 사도 시절이든, 협박범이 되어버린 지금이든 누군가를 비난하고 폭로한다는 콘텐츠 문법은 동일하다. 단지 그 대상이 나쁜 사람으로 여겨지느냐, 좋은 사람으로 여겨지느냐의 차이만 있을 뿐. 마치 귀여운 동물의 생명이 더 가치 있게 여겨지는 사고방식처럼 대중은 행위 그 자체가 아니라 대상과의 유대감을 기준으로 판단을 하게 마련이다.

이것은 좋다, 나쁘다의 문제가 아니라 대중의 일반적인 속성이고 필자도 그중 하나라서 개인적으로는 '죽어도 싼 사람'을 누군가가 대신 공격해 주면 속이 시원하고 고맙기까지 하다. 하지만 그러면서도 우리는 걱정을 해야 한다. '저 유튜버가 정말 정의로운 이유로 저렇게 하는 것일까, 정말 우리나라 공식 수사기관보다 더 많은 정보를 가지고 현명하게 판단한 것일까, 앞으로 선의의 피해자는 없을까' 하는 것들 말이다.

의견을 내는 것까지는 표현의 자유이지만 이것이 폭로의 성격을 띠게 되면 이때부턴 이야기가 달라진다. 피해자가 생기기 때문이다. 그 사람이 피해를 입어도 싸든 싸지 않든지 간에 피해자가 되는 것은 일단은 사실이다. 마치 죽어도 싼 사람을 죽여도 살인은 살인이듯, 폭로를 당해 마땅한 사람이든 아니든지 간에 폭로를 당하면 피해자가 되는 건 부정할 수 없는 사실이다.

그런데 일단 뭔가 폭로해서 피해자로 만들어버렸는데 알고 보니까 그 상대방은 죄인이 아니었다면? 잘못 알았다면? 진짜 범인은 따로 있었다면? 그 피해는 되돌릴 수 없고 폭로당한 사람은 애꿎은 인생을 망칠 것이다. 그리고 안타깝게도 이미 그러한 일들이 숱하게 보도가 되고 있는 현실을 우리는 목도하고 있다.

그렇기에 이렇게 피해자가 발생할 소지가 있는 행위에 대해서는 그러한 행위를 할 수 있는 자격 요건을 법적으로 엄정하게 만들어 놓은 것이고, 혹시라도 선의의 피해자가 발생하지 않도록 끝까지 티끌 하나 의혹 없이 조사와 수사를 거듭한 다음에서야 이를 행할 수 있게끔 법적인 장치가 마련돼 있는 건데 그러다 보니 대중의 급한 마음을 달래기엔 시차가 발생하고 이에 따라 수사의 의지가 없다느니, 정치권의 입김이 작용했다느니 하는 성토가 이어지게 되는데 이 틈을 타서 검증되지 않은 사람들이 대중이 열광할 만한 결론을 정해 놓고 거기에 도움 되는 근거들만 가져다가 사실인 양 짜잔! 하고 내놓는 게 사이버렉카가 하는 일 아닌가.

그래서 사이버렉카를 위험하다고들 하는 거고 실제로 선의의 피해자가 줄줄이 이어지고 법적 처벌 사례까지 이어지면서 그 사회적 문제의식이 공식화되고 있는 상황이다. 그런데 문제는 이번처럼 한두 명 잡아넣는다고 사이버렉카 문제가 근절되지 않을 것이라는 점이다. 유튜브에서는 그게 돈이 되기 때문에. 소위 말하는 유튜브 '떡상 공식', 즉 더 많은 사람들이 관심 가질 만한 소재를, 더 자극적으로 보여주면 유튜브는 돈을 준다. 그것이 어떤 재능이나 정보라면 모르겠는데 사이버렉카라는 아이템을 선택한 사람들에게는 '더 유명한 사람을 더 잔인하게 괴롭힌다'가 전략이 될 수밖에 없다.

또한 사이버렉카의 수익모델도 관련이 있다. 폭로를 메인으로 삼는 이들이 드러내 놓고 광고를 받으면 소위 '말발'이 약해지기 때문에 광고 수주도 제한적이고 딱히 스토어에서 판매할 만한 연관 상품도 없으며 어디 가서 강의를 하기도 모호한 부분이 있다. 먹방, 쿡방, 패션 같은 채널과는 달리 사이버렉카는 유튜브에서 나눠주는 수익 이외의 추가 수익을 노릴 만한 부분이 제한적인 것이다.

그럴 때 눈을 돌릴 수 있는 것이 아마도 자기 채널의 구독자 수와 이로 인한 입김이었으리라. 강 건너 불 구경을 즐기는 구독자들의 매력적인 제보가 이어지면서 직접 취재하는 노고도 많이 절약되기 때문에 더욱더 자신감이 붙었으리라. 게다가 사이비 언론사 기자들이 기업 홍보팀 협박해서 광고 따내는 사례들까지도 심심찮게 봐 왔을 테니 방법에 대한 고민도 어느 정도 해결됐으리라. 이것은 돈을 목적으로 시작한 채널에게는 심지어 자연스럽기까지 한 흐름이었다고도 할 수 있겠다.

폭로가 돈이 되는 이상 사이버렉카는 근절될 수 없다. 그리고 오히려 이번 사태를 보며 그들이 범한 실수랄까? 그런 부분을 보완해서 또 다른 누군가가 더 티 안 나고 더 잔인하고 교묘하게 피해자를 양산하고 이득을 취하고 있을 것이다. 게다가 AI의 발달로 이젠 자기 신원을 안 밝히고도 충분히 할 수 있는 세상이 되었으며 사실보다는 '듣고 싶은 이야기'를 진실로 착각하기를 즐기는 대중들의 속성 탓에 아예 사실 무근 가짜뉴스만으로도 사이버렉카 활동을 해나가는 사람들도 많아질 것이다.

사회는 마냥 유튜브의 순기능에만 집착하며 청사진을 그릴 것이 아니라 이러한 피해자가 무한 증식할 것이라는 현실을 직시하고 지금이라도 대책을 세워야 한다. 그러나 처벌만으로는 부족하다. 처벌은 늘 이미 피해자가 생긴 다음에 뒤따르기에 늘 한발 늦다. 또한 백신과 바이러스의 관계처럼 처벌이 거듭될수록 처벌을 피하는 더욱더 진화된 범죄 방식이 개발되기 때문에 근본적인 해법이 되지 못한다.

근본적 해법은 결국 '좋은 콘텐츠가 돈이 되는 구조'를 만드는 방법밖엔 없다. 그렇다면 이제껏 '떡상 공식'만을 활용해서 저질 콘텐츠를 양산해 오던 모든 에너지가 좋은 콘텐츠를 만드는 데 투여될 것이다.

물론 어려운 일이다. 더 자극적인 콘텐츠를 찾아 헤매는 대중의 속성상 그것은 거의 불가능에 가까운 일이다. 하지만 이 시대의 '좋은 콘텐츠'란 더 이상 '건전하고 덜 자극적인 유교적 콘텐츠'를 뜻하지 않는다. '대중을 열광시킬 수 있는 힘을 가지고 있는데 피해자를 양산하지 않는 묘수'를 우리는 찾아야 한다.

이런 것은 영영 불가능한 것일까? 어려운 일이니까 포기하고 평안을 찾으면 될까? 정녕 우리는 미디어의 발달이랍시고 숱한 피해자가 양산되는 현실을 방조하며 숨죽이고 있어야 할 것인가? 이러한 고민을 지금부터라도 시작하지 않는다면, 우리는 모두 공범이다.

* 김도연 https://news.lghellovision.net/news/articleView.html?idxno=476879 (작성일: 2024.08.06./ 방문일: 2024.12.11.)

(1) 위 글을 읽고 사이버렉카가 협박범이 되어가는 과정을 설명해보자.

(2) 위 글을 바탕으로 사이버렉카 사건의 심각성을 인식하고, 실질적인 해결방안을 논의해보자.

4차 산업혁명 시대 '과학기술 커뮤니케이션'

'문송합니다'라는 유행어가 있다. '문과생이라서 죄송합니다'라는 의미다. 최근에 유명 작가가 가상화폐를 주제로 한 TV토론회에서 과학기술 지식이 부족함을 표현하기 위해 사용했다. 고등학교에서 문과와 이과 구분은 일제 잔재라는 지적이 있었고, 2001년 고등학교에 입학한 학생을 마지막으로 문·이과 구분이 공식 폐지됐지만 대학수학능력시험에서는 여전히 문·이과가 구분되고 있다.

그러나 20세기 중반부터 학문에 융합 흐름이 나타나면서 오늘날에는 지식 영역 경계에 따라 각 학문을 개별 연구하지 않고 통합 접근하는 것이 주류로 떠올랐다. 이과 영역에 속하는 과학기술의 진보는 빠르다는 말로 부족하고, 오히려 사회 변화를 급속도로 이끌고 있다. 인공지능(AI) 과학자 겸 미래학자 레이먼드 커즈와일은 2040년께가 되면 AI 발전으로 인한 기술 변화 속도가 급속히 빨라지고 미치는 영향이 넓어져서 인간 생활이 되돌릴 수 없도록 변화하는 기점이 온다고 예측했다.

변화 시기에 시민과 대중의 과학기술 이해는 어떻게 이뤄지고 있는가. 과학기술을 이해하지 않고서 사회, 경제, 정치, 외교 등 이슈를 다룰 수는 있을까. 이 같은 의문은 지금까지 가능했지만 앞으로는 어려울 것으로 보인다.

이제는 경찰에서 다루는 범죄마저도 드론, 자율주행자동차, 가상화폐 등 첨단 기술과 관련돼 있으니 이를 수사하고 분석하는데 첨단 과학기술 지식을 갖춘 전문 수사관이 필요하다. 범죄에 대해 기소하거나 판결해야 하는 검사와 판사도 기소 내용에 담긴 기술을 법리 관점에서 이해하지 못하면 판결이 어려운 상황이다.

이미 우리 사회는 과학기술이 시민의 삶 전체에 녹아들었기 때문에 세상을 이해하는데 문과 출신이라고 해서 기술 지식이 부족함을 용서받을 수 있는 상황이 아니다. 정부가 추진하는 중요 정책의 방향성을 정하거나 사회 어젠다에 대해 여론을 형성하거나 가짜뉴스에 대한 사실 여부를 체크할 때는 더욱 관련된 전문 과학기술 지식을 세밀하게 이해해야 한다. 이에 따라서 그런 전문성으로 시민과 커뮤니케이션하는 전문가에게 대중과 소통하는 기회를 충분히 줘야 할 것이다.

우리 사회에서 과학기술을 위한 커뮤니케이션은 대학 중심으로 생산된 지식이 전통 저널리즘, 이벤트, 온라인 교류 등 각종 미디어를 통해 전달되는 형식이었다.

최근에 벌어지고 있는 현상은 기존 관점에서 이해되기 어려운 측면이 있다. 더 이상 대학이 지식 생산을 독과점하는 주인공은 아닐 것이다. 오히려 인터넷 공간에서 많은 정보가 결합하고 융합해서 대중이 스스로 정보를 검증하고 방향을 만들어 가는 형식으로 변화해 가고 있으며, 정보 유통량과 접근성을 고려할 때 주도권을 완전히 확보한 것으로 보인다. 대학에서 사용하는 전통 교재는 이미 수년 전에 출간된 것이며, 출간되기까지 지식이 정리되고 형식을 갖추기 위한 시간이 걸린 것을 감안하면 적어도 지금 발생하고 있는 현상과는 수년의 괴리가 항상 존재하게 되는 아이러니가 있다.

물론 약학, 철강 등 과학기술 수명이 길거나 기초 연구가 중요한 분야는 문제가 없겠지만 정보통신기술(ICT) 분야로 일컬어지는 4차 산업혁명 시대의 핵심 과학기술은 대부분 수명이 아주 짧거나 최신 기술이기 때문에 대학 역할은 더욱더 사유의 씨앗을 제공하는 기초 교양으로 자리하게 될 것이다. 소용돌이치고 변화하는 전통 과학기술 지식의 생산과 유통 프레임워크에서 교육받고 성장한 여론 주도자들이 우리 사회에 새롭게 제시된 주제를 다루는 태도는 대중에 대한 파급력과 민감성에서 매우 중요하다. 아직 결과도 없고 정답도 없는 머나먼 대장정의 첫걸음을 내디디는 시점에 있는 과학기술에 대해 '문송한' 관점의 프레임을 씌우고 사기로 단죄하는 것은 너무 성급한 결정이다.

과학기술 커뮤니케이션이란 무엇인가. 과학 및 합리에 맞는 의사 결정을 하는 과정은 작게는 현실에서 스스로를 고립시키는 다양한 편견으로부터 자신을 배제하고, 크게는 기술 환경에 대한 통찰력과 나아가 기술 철학으로 접근해야 할 것이다. 커뮤니케이션을 위해 과학기술과 사회철학이 필요하다는 근간에서 이 작은 시장의 왜곡을 억제하고 성공 생태계를 조성하기 위한 보이지 않는 손이 작동해야 한다. 기술을 이해하지 못하면 의사 결정에 실패할 수 있다. 21세기 사고방식의 정부 정책을 기대하려면 '문송'한 분들의 입에서 나오는 말을 조심해야 한다.

* 이경호, 『전자신문etnews』, 2018.02.20. (방문일 : 2019.01.10.)

(1) 위의 필자가 주장하고 있는 주요 논점을 정리해보자.

----

(2) 위 칼럼을 읽고, 문·이과·예체능 융합 인재가 필요한 4차 혁명 시대에 우리가 갖추어야 할 덕목이나 역량이 무엇인지 논의해보자.

폭염과 '누진제' 논란에서 한발 나아가기

전기요금을 실질적으로 정하는 주체는 국가다. 전기판매사업자(한국전력공사)가 소비자와 맺는 '공급약관'을 통해 정하는 형식을 띠지만, 이 약관은 정부(산업통상자원부)의 인가를 받아야한다. 주택용 전기료 누진제의 근거이기도 한 전기사업법(16조)에 따른 것이다. 7~8월 누진제를 완화하는 방식으로 주택용 전기료를 깎기로 7일 결정하고 발표한 주체가 한국전력이 아닌정부·여당이었던 것도 이 때문이다.

주택용 누진제는 많이 알려진 대로 1973년 석유파동(오일쇼크)에서 비롯됐다. 그해 10월 터진 '4차 중동전쟁'으로 국제유가가 4배 가까이 올라 이듬해 한국의 전기요금 체계를 바꿔놓았다. 누진 계단이 12개(최고-최저 차이 20배)에 이르기도 했다가 2016년 3단계(3배)로 줄어 지금에 이르고 있다. 2015, 2016년에 이어 올해도 요금을 깎기로 했지만, 누진 구조는 그대로다.

주택용 누진제는 숱한 시비를 낳았다. 2014년부터 잇따라 소송에 휘말렸고, 2017년엔 누진제의 근거인 전기사업법 조항을 두고 위헌심판 제청까지 돼 있다. 누진제를 둘러싼 법적 다툼은 사업자인 한전의 승소로 이어지는 분위기였는데, 작년에 인천지방법원에서 소비자 쪽 손을 들어주는 판결을 내려 눈길을 끌었다. "주택용에만 누진제를 도입해 전기 사용을 억제해야 할 필요성이 있다고 인정할 만한 합리적인 근거를 찾기 어렵다"는 판시였다. 누진제 도입 뒤 44년의 세월이 흐르는 동안, 산업·경제 구조가 많이 바뀐 현실과 무관치 않을 터였다. 전기료를 둘러싼 여건 변화의 상징은 에어컨 보급이다. 올해 못지않게 더웠던 1994년 에어컨 보급률은9% 수준이었지만, 지금은 80%를 웃도는 것으로 추정된다.

따라서 한시적 완화로 미봉된 누진제 논란은 재발할 수밖에 없어 보인다. 문제는 주택용 누진제를 고치든 없애든, 이게 곧바로 전기료 경감으로 이어진다고 기대하기 어렵다는 점이다. 현행 누진제는 2단계 중간까지는 원가 아래로, 그 이상은 원가 이상으로 공급해 평균을 맞추는 구조다. 전기 절약을 유도하는 이 구조를 없앨 경우 더 오른 요금을 무는 가구가 많이 생겨날수 있다. 더욱이 전기료를 덜어주는 게 바람직한지도 의문이다.

누진제를 둘러싼 주장이나 논의는 달라진 산업·경제 구조를 반영하고, 산업용까지 아울러전체적으로 손질하는 쪽으로 이어가는 게 바람직할 것 같다. 한시적으로나마 요금을 깎아주면전기소비 증가, 전력예비율 감소로 귀결되기 쉽다. 이 경우 전력수급에 문제가 생기고, 그러니원자력발전소를 더 지어야 한다는 주장으로 이어져 에너지 정책의 큰 방향인 탈원전 흐름이구석으로 몰리게 된다. 폭염이나 혹한으로 전기 소비가 급증하는 분위기에선 탈원전을 방어하는 논리가 약해진다.

근본적으로는 누진제 완화를 불러온 폭염 사태를 온실가스 감축 같은 환경·생태 담론으로이어가는 동력으로 활용하는 지혜가 절실하다. 올해 폭염은 기후변화가 먼 곳, 먼 미래의 일이아님을 실감케 했다. 혹한, 폭염, 폭우 같은 기상이변은 전 지구적인 현상이 됐고, 기온의 진폭이 커지고 있다. 이는 온실가스 증가에서 비롯되고 있음을 누구도 부인하기 어려워졌다. 온실가스를 줄이기 위한 국제 약속인 '파리기후변화협약'(2015년)이 미국의 탈퇴 속에서도 큰 흐름을 형성하고 있는 배경이다. 국제 분위기를 주도하진 못하더라도 흐름에서 뒤처지지 않을 정도의 준비는 해야 하지 않을까 싶다. 환경·생태 이슈에도 비즈니스 기회는 있을 테니 말이다.

* 김영배, 『한겨레』, 2018.08.07. (방문일: 2019.01.11.)

(1) 위의 필자가 주장하고 있는 주요 논점을 정리해보자.

_____

_____

_____

_____

_____

_____

(2) 위 칼럼의 제목인 〈폭염과 '누진제' 논란에서 한발 나아가기〉 위한 방안이 무엇인지 생각해보자.

_____

_____

_____

_____

_____

_____

AI가 노동하는 세상 … 인간은 무엇을 받을까

칼 마르크스(1818~1883)는 "나에게 풍차를 준다면 나는 당신에게 중세(中世)를 주겠소"라고 말했다. 이 말을 바꿔 말하면 "나에게 증기기관차를 준다면 산업사회를 주겠소"가 되고, 현 시대에 적용한다면 "나에게 컴퓨터를 준다면 세계화를 줄 것"이라고 할 수 있다. 이는 프랑스 언론인 이냐시오 라모네(Ignacio Ramonet)의 비유다.

증기기관은 산업혁명을 촉발했고, 컴퓨터는 정보혁명을 야기했다. 인터넷과 월드 와이드 웹의 상용화는 디지털 전환 시대를 열었다. 지금 기술혁신과 사회변동을 주도하는 기술은 의심의 여지없이 인공지능일 것이다.

산업혁명 이래, 신기술은 경제성장을 추동하고 산업구조와 고용시장을 재편해왔다. 때론 신기술이 낡은 기술을 기반으로 하는 산업에 영향을 미쳐 대량 해고를 불러왔다. 신기술 개발과 기술혁신으로 발생하는 구조적 실업이 '기술 실업(technological unemployment)'이며, 이는 과학기술 시대, 최대의 사회적 난제 중 하나다.

인공지능이 이미지화한 '로봇과 AI의 인간 노동에 대한 대체'이다. 음식부터 미용, 과학, 기계 등 인간의 모든 면이 담겨 있다. 과연 도구가 인간의 노동을 대체할 것인가.

기계화 · 자동화 그리고 로봇과 AI

신기술로 인한 인간 노동의 변화는 불가항력적이다. 기계는 점점 인간의 육체노동을 대신하고, 소프트웨어와 인공지능은 인지 노동을 대신할 것이다. 베스트셀러 작가이자 미래학자인 제러미 리프킨 전 미국 펜실베이니아대 와튼스쿨 최고경영자과정 교수는 1995년 출간한 『노동의 종말』(이영호 옮김, 민음사, 2022)에서 기계화와 자동화는 인간 노동을 빼앗고, 결국 인간 노동의 종말이 올 수 있다고 경고했다. (중략)

30년 전 리프킨의 경고는 생성형 AI 출현으로 재소환됐다. 결국 인류는 로봇과 AI로 인해 노동의 종말을 맞을 것인가. 변화의 소용돌이의 가운데에 있는 챗GPT에게 직접 물어봤다.

챗GPT가 답변한 노동의 미래

"인공지능(AI)은 인간 노동에 여러 가지 영향을 미친다. 첫째, 반복적이고 규칙 기반의 작업은 AI에 의해 자동화된다. 생산성과 효율성을 높이지만, 일부 직업이 사라지거나 축소될 수 있다. 둘째, AI 기술 발전은 데이터 분석가 · AI 윤리 전문가 · 로봇 운영자 등 새로운 산업과 직업을 창출한다. 셋째, 많은 직종에서 AI가 보조 역할을 해 인간이 더 창의적이고 전략적인 작업에 집중할 수 있다. 넷째, 데이터 분석, 프로그래밍 등 신기술이 중요해지며 새로운 스킬을 배워야 한다. 다섯째, 원격 근무와 프리랜서 작업 증가 등 노동유연성이 커진다. 여섯째, AI 발전은 경제적 불평등을 심화시킬 우려가 있고 따라서 교육과 훈련의 기회가 중요해진다."

챗GPT는 예견되는 미래 변화를 열거하면서 "AI는 인간 노동의 본질을 변화시킬 것이고, 이에 적응하기 위한 지속적 학습과 변화가 필요함"을 강조한다. 다분히 교과서적인 답변이라 단도직입적으로 다시 질문했다. "그래서 AI 도입으로 결국 인간 노동의 종말을 맞게 될까"라고 말이다. 그러자 이번에는 "AI는 인간을 보완하거나 협력하는 역할을 할 거고 신직업이 탄생하며 인간은 기술변화에 적응하게 돼 인간 노동이 사라지진 않을 것"이라는 의견을 내놨다.

사회적 선택에 따른 노동의 미래

미래는 아무도 알 수 없지만, 인간 노동의 미래는 숙명이라기보다는 사회적 선택이 될 가능성이 크다. 사회마다 다르게 대응하고 다른 미래를 만들 것이기 때문이다. 경제학자들은 역사적으로 기계가 노동을 대체해도 생산성과 노동자 구매력을 높여 새로운 수요와 일자리를 창출해 왔다고 주장한다. 생산과 마찬가지로 노동도 사회적 성격을 띤다. 노동 방식과 범위 그리고 고용 방식 등은 사회변화와 함께 근본적으로 변화하고 더 복잡해질 것이다.

자동화로 인한 노동시간 단축은 불가피하며, 고용 불안은 공공 일자리 창출, 일자리 나눔, 기본소득과 로봇세, 고용 복지제도 등 다양한 사회정책으로 보완·해결해야 한다. 어쨌거나 기계와 SW, 인공지능이 인간 노동을 대신하는 속도는 빨라지고, 사회 전체의 생산과 부가가치 창출에서의 비중도 커질 것이다. 이런 변화 속에서 인공지능 시대, 미래 노동의 의미와 본질에 대한 근본적 성찰이 필요하다.

인간은 생존을 위해 또는 자아실현을 위해 노동한다. 경제학적인 노동은 생산 활동이지만, 인문학 관점의 노동은 인간과 자연의 관계이거나 인간과 다른 인간과의 관계다. 돈을 버는 행위가 아닌 자급자족의 프로슈밍도 노동이며, AI 활용이 늘면 프로슈밍도 늘어날 것이다. 노동은 경제영역에 국한되지 않고 오히려 인간 본성에 가까운 행위다. 만약 인간 대신 로봇이 일하고 AI가 생각을 한다면, 노동도 생각도 하지 않는 인간이 서 있을 자리는 없을 것이다.

노동이 사라진 인간 삶은 존재론적 위협이 될 수 있다. 때문에 로봇과 AI의 인간 노동 대체 비중이 커져도 노동의 종말에 이르지는 않을 것이다. 로봇과 AI의 노동 대체는 일종의 '아웃소싱(outsourcing)'이다. 인간 노동 대체라기보다 노동 생산성과 효율성을 높여주는 도구라는 관점이 필요하다. 도구가 인간을 대체할 수는 없는 법이다.

* 최연구, 『교수신문』, 2024.10.18. (방문일: 2024.11.11.)

(1) 위 칼럼을 읽고, 인공지능(AI)과 같은 신기술로 인한 인간 노동의 변화 양상을 살펴보자.

----

(2) 변화하는 시대에 인간 노동의 의미와 가치에 대해 논의해보자.

---

2 다음과 같은 사회적 이슈에 대해 신문 기사나 사설을 검색해 본 후, 자신의 입장을 정하여 시론을 작성해보자.

> ① 남녀 혐오 현상
> ② 디지털 성범죄
> ③ 학교 폭력
> ④ 교권 추락
> ⑤ 성적 조작, 채용 비리
> ⑥ 스포츠계 비리
> ⑦ 부정 청탁 방지법
> ⑧ 생활·과학 관련 이슈
>   (안전한 먹거리, 기후 변화 문제, 딥페이크 사용 문제, 로봇 사용 등)
> ⑨ 기타

7장. 프레젠테이션

(1) 개념

프레젠테이션(presentation)의 사전적 의미는 '발표, 설명, 제출'이라는 뜻이다. 대학에서는 특정 과제에 대한 설명이나 연구 주제에 대한 결과 보고 등을 할 때 주로 활용한다. 기업체에서는 업무에 대한 계획안, 신제품에 대한 요약 설명을 관련자들에게 할 때 주로 사용한다. 효과적인 프레젠테이션을 하기 위해서는 파워 포인트(PPT)나 프레지(Prezi) 등의 매체를 활용할 수 있는 기본적인 능력이 있어야 한다.

현대 사회에서는 일반인과 쉽게 소통할 수 있는 특정 분야의 전문가를 선호한다. 그러므로, 특정 분야의 전문가라면 쉬운 언어로 전문적인 지식을 일반인에게 설명하고 전달할 수 있는 능력을 갖추어야 한다. 그리고, 대학 수업에서도 대부분의 교수자가 프레젠테이션 방식으로 강의를 진행하고 있으며, 학생들이 발표 과제를 수행할 때에도 프레젠테이션 능력은 꼭 필요한 요소이다. 또한, 요즘 취업의 주요 관문인 면접에서도 지원자의 자기 소개를 프레젠테이션 방식으로 진행하는 경우가 증가하고 있는 추세이다. 이렇듯 프레젠테이션이 강조되고 있는 이유는 발표자의 말하기·글쓰기의 수준과 능력을 동시에 가늠할 수 있는 유용한 수단이기 때문이다.

동종 제품을 생산하는 기업체 간에도 신제품에 대한 프레젠테이션은 그 제품의 성패를 좌우할 정도로 큰 영향을 미친다. 일례로 애플사가 주최한 신제품 브리핑을 위한 스티브 잡스(Steve Jobs)의 프레젠테이션은 세계 언론의 취재 대상이 되어 온라인으로 생중계되기까지 한 것으로 유명하다. 이는 대상 자체의 본질보다는 그것을 어떻게 청중에게 설명하고 설득하느냐의 문제가 현대인의 의사소통에서 매우 중요한 요소임을 보여주는 사례이다.

(2) 작성 요령 및 유의사항

프레젠테이션은 특정 분야의 정보나 주장을 청중에게 설명, 설득하는 것에 목적이 있다. 프레젠테이션은 청중들의 이해를 돕기 위한 자료를 필요로 하므로, 파워 포인트(PPT)나 프레지(Prezi) 등의 매체를 활용하여 관련 자료를 효과적으로 제공해야 한다.

프레젠테이션 글쓰기의 절차는 일반적인 글쓰기의 5단계와 유사하다. 즉, '주제 선정 → 자료 조사 → 개요 작성 → PPT 및 발표 대본 작성 → 검토 및 수정' 순서로 진행하면 된다. 특히, 본격적으로 내용을 작성하기 전에 발표문의 전체적인 아우트라인을 보여줄 수 있는 〈발표 계획서〉를 먼저 작성한다면, 보다 논리적이고 체계적으로 프레젠테이션 글쓰기를 진행할 수 있다.

〈발표 계획서〉에는 발표 예상 제목, 주제문, 목차, 연구 대상·범위·연구 방향·연구 대상 선정 이유, 참고문헌의 항목을 제시하여 전체적인 맥락을 일목요연하게 볼 수 있도록 한다. 발표 계획서는 작성자에게는 체계적인 발표문을 쓸 수 있도록 하는 설계도 역할을 하며, 청중에게는 전체 발표의 맥락을 짐작하도록 하는 안내도 역할을 한다.

프레젠테이션 글쓰기의 시각 보조 자료로 대학교에서 일반적으로 많이 사용하는 소프트웨어로는 파워 포인트(Power Point)가 있다. PPT는 화면을 스크린에 띄워 사용하며, 발표 내용을 청각만이 아니라 시각 자료와 동시에 파악할 수 있게 하는 장점이 있고, 사용 방법도 비교적 간단하다.

〈발표 계획서〉를 바탕으로 PPT를 작성할 때 다음 사항을 유의해야 한다.

1) 〈발표 계획서〉에서 제시한 목차의 내용 및 순서와 PPT에서 제시한 것을 일치시킨다. 주요 키워드나 설명 용어도 동일하게 사용하여 청중이 혼동하지 않도록 한다.

2) 〈발표 계획서〉나 발표 원고에 일반 서술형으로 제시한 표현은 PPT에서 개조식 서술형으로 바꾸어야 한다.

PPT에 긴 문장을 그대로 제시할 경우에 청중이 한눈에 요점을 파악하기 어려우므로, 핵심 문구나 단어 등을 사용하여 간단명료하게 제시한다. 그리고, 발표자는 PPT에 제시된 내용을 구어체로 자연스럽게 발표한다. 발표 대본은 슬라이드 노트 기능을 활용하여 별도로 작성한다.

3) PPT는 시각 보조 자료이므로 내용이 잘 전달되도록 제시해야 한다.

PPT에 내용 설명 없이 이미지나 사진만 제시한다거나, 한 슬라이드에 너무 많은 내용을 작은 글씨로 제시하는 것 등은 오히려 청중이 내용을 이해하는 데에 혼란을 줄 수 있다. 잘 보이는 글씨체와 크기로 내용 설명과 관련 있는 요점을 일목요연하게 제시해야 한다. 그러므로, 화려한 화면보다는 간단명료하게 내용을 전달할 수 있는 디자인과 레이아웃을 선택하는 것이 바람직하다.

4) 발표 시간에 맞추어 적정한 PPT 슬라이드 장수를 활용하는 것이 좋다.

특히, 한정된 수업 시간 내에 여러 팀이 발표를 진행해야 할 경우에 본인에게 주어진 발표 시간 내에 발표 가능한 분량을 준비하는 것이 효과적이다. 발표 분량이 부족하면 성의 없다고 평가받기 쉽고, 반대로 발표 분량이 지나치게 많으면 청중의 집중도가 떨어지고 발표자가 준비한 내용을 끝까지 마무리하기 어려운 일이 발생할 수 있으므로 유의해야 한다. 예를 들어 팀당 15~20분 정도의 발표 시간이 주어졌을 때 20~25장 정도의 슬라이드 장수로 준비를 한다면 비교적 여유 있게 발표를 할 수 있다. 팀원이 여러 명이라면 한 사람이 발표할 분량을 미리 적절하게 나누는 것이 좋다.

5) 참고 자료를 통해 인용한 부분이 있다면 반드시 출처를 표기하여 발표자의 견해와 구분해야 한다.

PPT에는 각주 기능이 없으므로, 인용한 이미지나 문구 밑에 출처를 정확하게 표기해야 한다. 출처 표기는 일반적인 인용 방식을 따르면 된다. 그리고, 발표 내용을 마무리하는 슬라이드에는 발표 전체에 인용한 자료 목록을 1, 2차 자료로 구분하여 제시한다. 이 때 웹자료의 경우 검색한 상세 주소와 방문일을 모두 표기하는 것이 원칙이다.

(3) 구성 내용

프레젠테이션 글쓰기의 기본 구성은 '표지-목차-서론-본론-결론-참고문헌-마무리 인사 및 질의응답' 순서로 제시하는 것이 일반적이다. 만약, 담당 교수님이나 특정 기관에서 요구한 형식이 있다면 그에 맞추어 작성하면 된다.

1) 표지:

① 프레젠테이션의 전체 제목과 발표자의 개인 정보, 발표일 등 가장 기본적인 사항 제시

② 발표의 전체 인상을 좌우할 수도 있으므로, 깔끔하고 임팩트 있는 디자인과 문양 활용

2) 목차:

① 장과 절 등의 항목에 통일된 기호 사용

② 전체 목차가 한눈에 들어오도록 제시(프레젠테이션의 전체적인 흐름과 맥락 파악 기능)

3) 서론:

① 주제 선정 이유와 연구 범위, 방향, 주요 용어 등에 대한 설명

② 발표 주제와 관련된 시의성 있는 사건이나 동영상 등 간단 제시

③ 서론에서 지나치게 자세한 내용을 서술하는 것은 금물

4) 본론:

① 주제와 관련된 구체적인 정보나 분석한 내용 제시

② 본론을 제시할 때 '본론'이라는 용어를 사용하지 말고, 본론의 내용과 관련된 구체적인 키워드를 써야 함.

③ 구성 방식에 따라 나열식, 인과식, 문제해결식 중에 하나를 선택하여 내용 제시

④ 서론에서 제시한 연구 범위와 방향에 맞추어 체계적으로 본론 내용 구성

⑤ 구체적인 사례를 제시할 때 내용과 관련된 동영상이나 통계 자료 등을 활용하면 효과적임.

⑥ 주장을 뒷받침할 수 있는 근거 자료 제공(시의성과 신빙성을 갖춘 자료 제시)

5) 결론:

① 전체 발표 내용 요약 정리, 발표의 의의와 시사점 제시

② 발표의 한계나 아쉬움이 있다면 의의를 감쇄하지 않을 정도로만 간략 제시

③ 전체 발표의 통일성을 해치는 논리적 비약 금지

6) 참고문헌:

① 발표 작성에 직간접적으로 활용했거나 인용한 참고자료 목록 일목요연하게 제시
② 1차, 2차 자료 구분 제시

7) 마무리 인사 및 질의응답:

① 끝까지 경청해준 청중에게 감사 인사를 전하며 발표 정리
② '질의응답'을 통한 적극적인 발표 피드백 진행
③ 청중과 발표자 모두 질의응답의 기본 예의 준수

《Tip》바람직한 질의응답 태도

• 청중의 태도
  – 자신이 잘 이해하지 못한 부분에 대한 재설명을 발표자에게 요청
  – 자신의 생각과 발표자의 발표 내용이 다른 것에 대한 질문
  – 발표 주제나 내용과 동떨어진 엉뚱한 질문을 하거나, 발표자에 대한 인신 공격성 비난을 하는 것은 지양
  – 질의를 하는 목적은 발표자에 대해 비난을 하기 위한 것이 아니라, 발표 내용에 대해 합리적인 비평을 하기 위한 것이라는 점을 명심해야 함.

• 발표자의 태도
  – 청중이 던진 질문에 대해 회피하거나 핑계를 대기보다는 발표를 준비하면서 알게 된 지식과 정보를 총동원하여 성의 있게 답변하는 태도를 보여야 함.
  – 팀원이 여러 명이라면 해당 부분을 발표한 학생이 먼저 답변을 하고, 다른 팀원들이 보충 설명을 하는 식으로 협력하는 자세를 보여주는 것도 필요함.
  – 자신감 있게 답변하는 태도 중요

1 다음 〈발표 계획서〉를 보고, 전체 발표의 맥락과 내용을 예상해보자. 그리고 PPT 샘플을 보고 프레젠테이션 글쓰기의 체제와 작성 방식을 살펴보자.

예문 1

제목	심의 기준과 함께 낮아진 폭력성의 장벽 – OTT 문화비평
주제문	최근 OTT 프로그램이 많아지면서 생긴 폭력적인 콘텐츠의 문제점을 살펴보고, 해결방안을 모색해 본다.

개요
(목차)
	1. 서론
	   (1) 주제 선정 이유 (2) OTT란?
	2. 낮은 심의 기준으로 인한 문제점
	   (1) OTT 심의 기준 (2) OTT 폭력물 예시 (3) 폭력물의 문제점
	3. 심의 기준 재검토의 필요성
	   (1) 전문가의 견해 (2) 해결방안 및 예상 효과
	4. 결론

연구 대상/ 범위/ 연구 방향/ 연구 대상 선정 이유	요즘 OTT 프로그램이 인기를 얻으면서 갈수록 폭력적인 콘텐츠들이 많아지고 있다. 현실 세계를 반영하고 재현하려는 제작자의 의도를 감안하더라도 지나치게 폭력적인 콘텐츠를 창작하는 것은 문제가 있다. 특히 사리분별력이 부족한 청소년이나 시청자들에게 부정적인 영향을 줄 수 있다. OTT의 심의 기준에 대한 재검토가 필요하다고 생각하여 발표 주제로 선정하였다.
참고문헌 (자료)	1차 자료: • 박소연, 〈피라미드 게임〉, 티빙, 2024. • 안길호, 〈더 글로리〉, 넷플릭스, 2022~23. • 황동혁, 〈오징어 게임〉, 넷플릭스, 2021. 2차 자료: • 고흥석, 「OTT 시대의 방송콘텐츠 내용규제에 관한 연구: 실시간–비실시간 비대칭 등급분류 사례를 중심으로」, 『한국소통학보』22권 2호 통권57호, 한국소통학회, 2023. • 방송통신심의위원회, 『중장기 방송통신 내용규제 체계 개편방안 연구』, 한국언론학회, 2016. • https://www.kmrb.or.kr/main.do (방문일: 2024.05.01.) • https://www.kookje.co.kr/news2011/asp/newsbody.asp?code=0300&key=20211019.22013003971 (방문일: 2024.05.02.) • http://www.civicnews.com/news/articleView.html?idxno=32916 (방문일: 2024.05.06.) • http://www.civicnews.com/news/articleView.html?idxno=32785 (방문일: 2024.05.10.) • https://search.naver.com/search.naver?sm=tab_hty.top&where=image&ssc=tab.–image (방문일: 2024.05.11.)

PPT 샘플 〈표지〉

심의 기준과 함께 낮아진
폭력성의 장벽
- OTT 문화비평

(발표자 정보)

〈목차〉

목차

1. 서론
(1) 주제 선정 이유
(2) OTT란?

2. 낮은 심의 기준으로 인한 문제점
(1) OTT 심의 기준
(2) OTT 폭력물 예시
(3) 폭력물의 문제점

3. 심의 기준 재검토의 필요성
(1) 전문가의 견해
(2) 해결방안 및 예상 효과

4. 결론

〈서론〉

1. 서론
(1) 주제 선정 이유

청소년도 볼 수 있는 OTT의 선정성과 폭력성이 증가함에 따라

부정적인 영향을 줄 수 있기 때문에 발표 주제로 선정함.

1. 서론
(2) OTT란?

◆ OTT(Over-The-Top)

◆ 케이블이나 안테나 대신 인터넷으로 콘텐츠를 송출하는 채널

◆ 노트북, TV, 태블릿 및 스마트폰 등 다양한 기기에서 시청 가능

◆ 언제 어디서든 원하는 콘텐츠 시청 가능

출처: 네이버 사전 (방문일: 2024.05.01.)

〈본론 1-1〉

2. 낮은 심의 기준으로 인한 문제점
(1) OTT 심의 기준

< 일반 방송 >	< OTT >
• 방송법에 따라서 엄격한 심사기준을 거침 • 반말이나 욕설 표현 규제 • 음주나 흡연 조장 금지	• 방송법이 아닌 정보통신망법의 적용을 받아 상대적으로 심의 기준이 낮음 • 심의 기준이 상대적으로 낮아 규제가 적음

〈본론 1-2〉

2. 낮은 심의 기준으로 인한 문제점
(2) OTT 폭력물 예시

<오징어 게임>

◆ <오징어 게임> 1, 넷플릭스, 2021.

◆ 자극적인 장면을 과도하게 노출

◆ 폭력성으로 인해 일부 국가에서 경계령

이미지 출처: 넷플릭스 <오징어 게임> 공식사이트 (방문일: 2024.05.11.)

2. 낮은 심의 기준으로 인한 문제점
(2) OTT 폭력물 예시

<더 글로리>

◆ <더 글로리>, 넷플릭스, 2022~2023.

◆ 유년시절 폭력을 당한 여자의 이야기

◆ 가해자들에게 잔인하고 처절하게 복수하는 과정을 담음

이미지 출처: 넷플릭스 <더 글로리> 공식사이트 (방문일: 2024.05.11.)

〈본론 1-3〉

2. 낮은 심의 기준으로 인한 문제점
(2) 폭력물의 문제점

◆ **극단적인 상황이나 인물 설정**
: 작품의 극적인 효과를 위해 극단적인 상황이나 인물을 설정하여 자극적이고 폭력적인 상황을 연출함.　(예) 생존 게임, 학교 폭력 등

◆ **폭력적인 행위에 대한 감수성 부족 및 모방 우려**
: 폭력적인 장면에 대한 노출이 많아질수록 이에 대한 문제 의식이 감소하고, 무의식적으로 모방할 가능성이 있음.

〈본론 2-1〉

3. 심의 기준 재검토의 필요성
(1) 전문가의 견해

◆ 현재의 내용규제 체계: 전통적인 방송 심의와 통신 심의의 수직적 분리 구조

◆ 새로운 서비스와 디바이스의 확산에 따른 미디어 환경 변화를 반영하는 데 한계가 있음

◆ OTT는 스마트 미디어 영역 가운데 성장 가능성 측면에서 확장성과 파급효과가 가장 클 것

◆ 따라서 방송법 체계를 수평적 규제 체계로 전환해야 함

출처: 방송통신심의위원회, 『중장기 방송통신 내용규제 체계 개편방안 연구』, 한국언론학회, 2016, 25-27쪽.

〈본론 2-2〉

3. 심의 기준 재검토의 필요성
(2) 해결 방안 및 예상 효과

◆ OTT플랫폼과 정부 간의 협력 강화

• 적정한 표현 수위 유지
• 모호한 기준에 대한 초기 가이드라인 제시
• 자율적 규제에 따른 책임 부여
• 주기적인 검토와 조정

◆ 미디어 리터러시 교육 강화

• 미디어 비판 능력 함양
• 콘텐츠의 수동적 수용에서 벗어나 비판적으로 해석하는 능동적 수용 지향
• 양질의 콘텐츠를 선별하는 능력 함양

3. 심의 기준 재검토의 필요성
(2) 해결 방안 및 예상 효과

 등급 기준을 명확히 이해,
적합한 콘텐츠를 선택하는데
도움

 종합적, 객관적으로
심의기준 적용

 신뢰성 증가

 콘텐츠의 지속 가능한
발전

〈결론〉

4. 결론

◆ OTT 산업의 미래를 위한 적절한 규제의 필요성 강조

◆ 청소년 보호를 위한 노력의 중요성 재확인

◆ OTT 제작사들의 인식 제고

〈참고자료〉

참고자료

● **1차 자료**
- 박소연, <피라미드 게임> , 티빙, 2024.
- 안길호, <더 글로리>, 넷플릭스, 2022~23.
- 황동혁, <오징어 게임> , 넷플릭스, 2021.

● **2차 자료**
- 고흥석, 「OTT 시대의 방송콘텐츠 내용규제에 관한 연구: 실시간-비실시간 비대칭 등급분류 사례를 중심으로」, 『한국소통학보』 22권 2호 통권 57호, 한국소통학회, 2023.
- 방송통신심의위원회, 「중장기 방송통신 내용규제 체계 개편방안 연구」, 한국언론학회, 2016.
- https://www.kmrb.or.kr/main.do (방문일: 2024.05.01.)
- https://www.kookje.co.kr/news2011/asp/newsbody.asp?code=0300& key=20211019.22013003971 (방문일: 2024.05.02.)
- http://www.civicnews.com/news/articleView.html?idxno=32916 (방문일: 2024.05.06.)
- http://www.civicnews.com/news/articleView.html?idxno=32785 (방문일: 024.05.10.)
- https://search.naver.com/search.naver?sm=tab_hty.top&where=image&ssc=tab.image (방문일:2024.05.11.)

〈마무리 인사 및 질의 응답〉

인사 및 마무리

◆ 경청해 주셔서 감사합니다!

◆ Q & A

2 최근 이슈가 되고 있는 사회 문제나 문화 현상 등에 대해 발표 주제를 정하여 〈발표 계획서〉와 발표 원고, PPT를 작성해보자.

부록

한글 맞춤법과
바른 문장의 이해

1. 한글 맞춤법

한글 맞춤법은 말해진 것을 글로 쓸 때 지켜야 할 가장 기초적인 규범이다. 다른 사람과의 원활한 소통을 위한 최소한의 규범이므로 정확하고 좋은 문장을 쓰기 위해 반드시 숙지해야 한다. 한글 맞춤법 총칙은 세 개의 항으로 이루어져 있다. 이 세 항을 통해 규범의 원리를 이해해 보자.

> **[제1항]** 한글 맞춤법은 표준어를 소리대로 적되, 어법에 맞도록 함을 원칙으로 한다.

제1항은 한글 맞춤법의 대원칙을 기술한 것이다. 표준어를 소리 나는 대로 적는 것인데, 다만 그 의미를 체계적으로 이해할 수 있도록 하기 위해 어법을 지켜 적어야 한다는 것이다.

우선 '표준어'란 시간, 지역, 집단 등에 따라 달라질 수 있는 어휘들 중에서 발음이나 글자로 쓰는 표준적 어휘 형태를 정한 것을 이른다. 표준어 사정 결과에 따라 하나의 형태만 인정되기도 하고 복수의 형태가 인정되기도 하며, 과거에는 표준어가 아니었던 것이 시간의 흐름에 따라 새롭게 표준어로 인정되기도 한다.

표준어를 소리대로 적으면 맞춤법에 맞는 표기가 되는 예로는 '나무', '사랑', '건강한', '나아가다' 등이 있다. 하지만 실제 발음 그대로 적으면 맞춤법에 맞지 않는 경우도 많다. 예컨대 '옛날'은 [옌날]로 발음되며 '끊임없이'는 [끄니멉씨]로 발음되므로, 소리 그대로를 적으면 글의 형태와 달라진다. 이 경우에는 원활한 소통을 위해 어법에 맞게 적는 것을 원칙으로 한다. 의미 파악을 쉽게 하기 위해 정해진 형태를 밝혀 적는 것이다.

(예) 꽃[꼳],	꽃이[꼬치],	꽃을[꼬츨],	꽃만[꼰만],	꽃보다[꼳뽀다]
늙다[늑따],	늙고[늘꼬],	늙으면[늘그면],	늙더니[늑떠니],	늙지[늑찌]

> **[제2항]** 문장의 각 단어는 띄어 씀을 원칙으로 한다.

한글 맞춤법 총칙 제2항은 띄어쓰기의 원칙을 밝힌 조항이다. 조사를 제외한 모든 단어는 띄어서 쓴다. 간혹 어떤 말이 하나의 단어인지 두 개의 단어인지 분간하기 어려울 때도 있다. 그럴 때에는 국어사전을 참고하여 확인하는 것이 좋다. 예컨대 '기념'이라는 단어가 있고 '사진'이라는 단어로 있으므로, '기념사진'이라는 말은 두 단어처럼 생각되지만, 사전을 찾아보면 '뜻깊은 일을 오래도록 기념하기 위해 찍는 사진'이라는 뜻을 가진 하나의 단어라는 것을 알 수 있다. 따라서 '기념 사진'으로 띄어 쓰지 않고, '기념사진'이라고 붙여 써야 한다.

'-은', '-는', '-이', '-가', '-을', '-를', '-도' 등의 조사는 모두 각각의 개별 단어이지만, 모든 조사는 앞말에 종속되어 있기 때문에 예외적으로 붙여 쓴다. 여러 조사가 이어질 때에도 모두 붙여서 쓴다.

(예) 오늘부터는, 학교에서만이라도

[제3항] 외래어는 '외래어 표기법'에 따라 적는다.

한글 맞춤법 총칙 제3항은 외래어 표기 원칙을 담고 있다. 외래어 또는 외국어를 한국어로 표기하는 방식을 정해둔 것이 '외래어 표기법'이다. 미리 마련된 원칙과 세칙에 따라 외래어 발음을 표기하면 된다. 외국의 인명이나 지명도 원칙과 세칙을 따르되 경우에 따라서는 관용에 따라 적기도 한다.

자주 사용하는 외래어 중 표기가 자주 혼동되는 단어 몇 가지를 아래에 소개한다.

(예) 케이크 (ㅇ), 케잌 (×)
　　　로봇 (ㅇ),　　로보트 (×)
　　　워크숍 (ㅇ),　워크샵 (×)
　　　소시지 (ㅇ),　소세지 (×)
　　　초콜릿 (ㅇ),　초코렛 (×)

1 다음 문장을 읽고 발음되는 소리가 같거나 비슷한 부분의 표기 문제에 주의를 기울여보자.

(1) 다른 사람의 글을 인용하는 것은 <u>되고</u> 표절하는 것은 안 <u>돼</u>.

----

(2) 길이 <u>안</u> 보일 때에는 잠깐 쉬었다 가지 <u>않을래</u>?

----

(3) 한글 맞춤법을 <u>웬만큼</u> 배웠지만 <u>왠지</u> 헷갈린다.

----

(4) 클래식<u>이든</u> 헤비메탈<u>이든</u> 음악이라면 뭐<u>든지</u> 즐겨 <u>듣던</u> 때가 있었다.

----

(5) 행운은 <u>있다가도</u> 없는 것이니 상심하지 말고, <u>이따가</u> 함께 맛있는 것을 먹자.

----

(6) 여기에서는 고개를 <u>반듯이</u> 들고 춤을 추어야 한다는 점을 <u>반드시</u> 기억하세요.

----

2 아래의 단어를 국어사전에서 찾아보고 그 뜻을 적어보자. 그리고 각 단어를 활용한 짧은 문장을 만들어보자.

(1) 다치다
뜻:

예문:

닫히다
뜻:

예문:

닫치다
뜻:

예문:
----

(2) 느리다
뜻:

예문:

늘이다
뜻:

예문:

늘리다
뜻:

예문:
----

(3) 앉다
뜻:

예문:

앉히다
뜻:

예문:

안치다
뜻:

예문:
----

3 다음 문장의 띄어쓰기를 한글 맞춤법에 맞도록 바르게 고쳐보자.

(1) 하고싶은대로하지말고계획대로하자.

----

(2) 이요리는뜨거울뿐만아니라많이매울듯하다.

----

(3) 물이높은데서낮은데로흐른다는사실을모를리없다.

----

(4) 나도선배만큼잘할수있을줄알았는데희망을건만큼실망도크다.

----

2. 바른 문장

문장은 완결된 의미를 전달하는 글쓰기의 최소 단위이기 때문에 중요하다. 바르고 정확한 문장을 구사하는 것이야말로 좋은 글쓰기의 시작이다. 정확하고 명료한 문장이 모여 하나의 논리를 갖춘 단락이 완성되고, 논리적 흐름으로 연결되는 단락들이 모여 한 편의 글이 완성된다. 불필요한 군더더기 표현을 줄이고 간결하고 명료한 문장을 쓰는 것이 좋다. 특히 문장이 지나치게 길어지면 문장 성분의 어울림이 깨지며 문법적 오류에 빠질 수 있으니 주의해야 한다.

1) 문장 성분의 어울림

주어와 서술어 사이에 호응이 맞지 않으면 어색한 문장이 된다. 정확한 의미 전달을 위해 문장 성분의 호응에 주의하며 바른 문장을 써야 한다.

(예) 이 소설의 결말은 주인공 이명준이 이데올로기와 사랑의 문제 속에서 고뇌하다 끝내 자살한다.

위의 예문에서 문장의 주어부는 '이 소설의 결말'인데, 이 주어를 받는 서술부는 '자살한다'이므로 제대로 호응되지 않는다. '자살한다'의 주체는 '주인공 이명준'이기 때문이다. 따라서 '이 소설의 결말'이라는 주어에 맞게 서술부를 '자살하는 것이다'로 수정하는 것이 알맞다. 또는 '자살한다'는 서술부를 살린 채 주어를 수정하는 방법도 있다. '이 소설의 주인공 이명준은'을 주어로 삼는 것이다.

문장을 길게 쓰다 보면 누구나 실수할 수 있다. 그러므로 글쓰기를 마치고 퇴고할 때 모든 문장의 문장 성분 어울림을 반드시 확인하는 것이 좋다.

2) 명사형 문장과 동사형 문장

'명사형 문장'이란 문장 속 핵심 의미 성분을 명사로 활용하는 문장으로, '동사형 문장'이란 핵심 의미가 동사를 통해 전달되는 문장을 말한다. 예를 들어 '구체적인 계획을 수립했다'라는 문장은 '계획'이라는 명사가 의미의 중심이 되기 때문에 '명사형 문장'이다. 반면에

'구체적으로 계획했다'라는 문장은 의미의 중심에 '계획하다'라는 동사가 있기 때문에 '동사형 문장'이다. 두 문장 모두 문법적 오류가 없는 문장이지만, 우리말은 '동사형 문장'으로 사용할 때 훨씬 더 매끄럽게 진행된다.

아래의 예시를 보며 '명사형 문장'과 '동사형 문장'의 차이에 대해 생각해 보자.

(예) 철저한 준비를 했다.
철저하게 준비했다.

많은 지원을 바랍니다.
많이 지원해주시기 바랍니다.

---

3) 불필요한 표현의 삭제

글을 쓰다 보면 자신도 의식하지 못했던 습관적 표현이 덧붙는 경우가 생긴다. 가장 흔하게 발견되는 군더더기 표현은, 자신의 생각을 담은 문장을 끝맺을 때 사용하는 서술부인 '~하는 것 같다'이다. 우리는 습관적으로 "이 영화는 참 재미있다"고 표현하기보다는, "이 영화는 참 재미있는 것 같다"고 쓸 때가 많다.

다음 예문에서 불필요한 군더더기 표현을 줄여 간결한 문장으로 수정해 보자.

(예) 이번 전략은 좋았다고 말하기 어렵지 않았나 하는 생각이 드는 것도 사실이다.

다음 경기에서는 더 적극적인 전략을 취해야 할 것으로 보인다.

1 다음 문장을 매끄럽게 고쳐보자.

(1) 기상청에서는 내일 낮부터 비가 오겠으나 내일 오전부터는 다시 화창해질 것으로 전망된다.

----

(2) 이 과목을 통해 다양한 글을 써보며 글쓰기에 흥미를 느끼게 해주었다.

----

(3) 더욱 노력하여 발전을 이루겠습니다.

----

(4) 과감한 개혁이 이루어져야 한다.

----

(5) 아르바이트를 하는 청소년도 성인과 동일한 최저임금을 지급해야 한다.

----

(6) 이번 시험 결과를 곧 발표하도록 하겠습니다.

참고문헌

건국대 글로컬캠퍼스 글쓰기교재편찬연구회, 『대학 글쓰기』, 역락, 2022.

경기대 교재편찬연구회, 『사고와 표현』, 휴먼싸이언스, 2021.

국민대 글쓰기 교재편찬연구회, 『인문사회 · 예술계열 글쓰기』, 국민대 출판부, 2016.

권혁래 · 김미영 · 박삼열 외, 『읽기와 쓰기』, 숭실대 출판부, 2009.

김경훤 · 김미란 · 김성수, 『창의적 사고 소통의 글쓰기』, 성균관대 출판부, 2013.

김무곤, 『종이책 읽기를 권함』, 더숲, 2011.

김성수 외, 『생각하고 소통하는 글쓰기』, 삼인, 2018.

김양선 · 심보경 · 최성민, 『대학생을 위한 글쓰기 강의(개정판)』, 박이정, 2016.

김철수, 『챗GPT와 글쓰기』, 위키북스, 2023.

박주범, 『창의적 사고』, 대경, 2016.

박진, 『장르와 탈장르의 네트워크들』, 청동거울, 2007.

송재일 외, 『대학생을 위한 소통의 글쓰기』, 박이정, 2018.

아주대 의사소통센터, 『디지털시대 대학 글쓰기』, 역락, 2023.

양명주, 『친절한 자기소개서 작성법』, 나비와 활주로, 2016.

움베르토 에코, 『논문 잘 쓰는 방법』, 김운찬 옮김, 열린책들, 2001.

유광수 외, 『비판적 읽기와 소통의 글쓰기』, 박이정, 2014.

이강룡, 『디지털 시대의 글쓰기』, 살림, 2018.

이문호, 『논문작성법』, 경북대 출판부, 1996.

이수연, 『좋은 문장 표현에서 문장부호까지!』, 마리북스, 2024.

이인영, 『기업을 흥분시키는 자기소개서』, 커뮤니케이션북스, 2014.

이화여대 교양국어 편찬위원회, 『우리말과 글쓰기(개정판)』, 이화여대출판부, 2013.

정문길·최원식 외 편, 『발견으로서의 동아시아』, 문학과 지성사, 2000.

정민, 『오직 독서뿐』, 김영사, 2013.

정희모 외, 『대학 글쓰기』, 삼인, 2008.

최수현·한영현, 『디지털 세대를 위한 창의적 구상과 소통의 글쓰기』, 박이정, 2017.

한승옥 외, 『읽기와 쓰기』, 보고사, 2005.

홍인숙, 『창의적 사고와 글쓰기』, 보고사, 2015.